UNION GÉNÉRALE D'ÉDITIONS
8, rue Garancière PARIS 6e

DU MÊME AUTEUR

MADAME EDWARDA (J.-J. Pauvert, 1956).
LES LARMES D'ÉROS (J.-J. Pauvert, 1961).
LE PETIT (J.-J. Pauvert, 1963).
GILLES DE RAIS (J.-J. Pauvert, 1965).
MA MÈRE (J.-J. Pauvert, 1966 et 10/18, 1972).
L'EXPÉRIENCE INTÉRIEURE (Gallimard, 1943).
LE COUPABLE (Gallimard, 1944).
SUR NIETZSCHE (Gallimard, 1945).
LA HAINE DE LA POÉSIE (Ed. de Minuit, 1947).
LA PART MAUDITE (Ed. de Minuit, 1949).
L'ABBÉ C (Ed. de Minuit, 1951).
LASCAUX, OU LA NAISSANCE DE L'ART (Skira, 1955).
MANET (Skira, 1955).
LA LITTÉRATURE ET LE MAL (Gallimard, 1957).
L'ÉROTISME (Ed. de Minuit, 1957 et 10/18, 1965).
MADAME EDWARDA, LE MORT, HISTOIRE DE L'ŒIL, (10/18, 1973).

SUR LE MÊME AUTEUR

BATAILLE (Colloque de Cerisy) — R. BARTHES, J.-L. BAUDRY, DENIS HOLLIER, J.-L. HOUDELINE, JULIA KRISTEVA, MARCELIN PLEYNET, PHILIPPE SOLLERS, FRANÇOIS WAHL. 10/18.

LE BLEU DU CIEL

DE

GEORGES BATAILLE

10|18

JEAN-JACQUES PAUVERT

© Jean-Jacques Pauvert, 1957

A André Masson

AVANT-PROPOS

Un peu plus, un peu moins, tout homme est suspendu aux récits, *aux* romans, *qui lui révèlent la vérité multiple de la vie. Seuls ces récits, lus parfois dans les transes, le situent devant le destin. Nous devons donc chercher passionnément ce que peuvent être des* récits — *comment orienter l'effort par lequel le* roman *se renouvelle, ou mieux se perpétue.*

Le souci de techniques différentes, qui remédient à la satiété des formes connues, occupe en effet les esprits. Mais je m'explique mal — si nous voulons savoir ce qu'un roman peut être — *qu'un fondement ne soit pas d'abord aperçu et bien marqué. Le récit qui révèle les possibilités de la vie n'appelle pas forcément, mais il appelle un moment de* rage, *sans lequel son auteur serait aveugle à ces possibilités* excessives. *Je le crois: seule l'épreuve suffocante, impossible, donne à l'auteur le moyen d'atteindre la vision lointaine attendue par un lecteur las des proches limites imposées par les conventions.*

Comment nous attarder à des livres auxquels, sensiblement, l'auteur n'a pas été contraint?

J'ai voulu formuler ce principe. Je renonce à le justifier.

Je me borne à donner des titres qui répondent à mon affirmation (quelques titres... j'en pourrais donner d'autres, mais le désordre est la mesure de mon intention): Wuthering Heights, Le Procès, La Recherche du Temps Perdu, Le Rouge et le Noir, Eugénie de Franval, l'Arrêt de Mort, Sarrazine, l'Idiot...[1].

J'ai voulu m'exprimer lourdement.

Mais je n'insinue pas qu'un sursaut de rage ou que l'épreuve de la souffrance assurent seuls aux récits leur pouvoir de révélation. J'en ai parlé ici pour arriver à dire qu'un tourment qui me ravageait est seul à l'origine des monstrueuses anomalies du Bleu du Ciel. *Ces anomalies fondent* Le Bleu du Ciel. *Mais je suis si éloigné de penser que ce fondement suffit à la valeur que j'avais renoncé à publier ce livre, écrit en 1935. Aujourd'hui, des amis qu'avait émus la lecture du manuscrit m'ont incité à sa publication. Je m'en suis à la fin remis à leur jugement. Mais j'en avais même en quelque sorte oublié l'existence.*

J'avais, dès 1936, décidé de n'y plus penser.

D'ailleurs, entre temps, la guerre d'Espagne et la guerre mondiale avaient donné aux incidents historiques liés à la trame de ce roman un caractère d'insignifiance: devant la tragédie elle-même, quelle attention prêter à ses signes annonciateurs?

Cette raison s'accordait à l'insatisfaction, au malaise, qu'en lui-même le livre m'inspire. Mais

---

[1] *Eugénie de Franval,* du Marquis de Sade (dans *Les Crimes de l'Amour*); *l'Arrêt de Mort,* de Maurice Blanchot; *Sarrazine,* nouvelle de Balzac, relativement peu connue, pourtant l'un des sommets de l'œuvre.

ces circonstances sont aujourd'hui devenues si lointaines que mon récit, pour ainsi dire écrit dans le feu de l'événement, se présente dans les mêmes conditions que d'autres, qu'un choix volontaire de l'auteur situe dans un passé insignifiant. Je suis loin aujourd'hui de l'état d'esprit dont le livre est sorti; mais à la fin cette raison, décisive en son temps, ne jouant plus, je m'en remets au jugement de mes amis.

INTRODUCTION

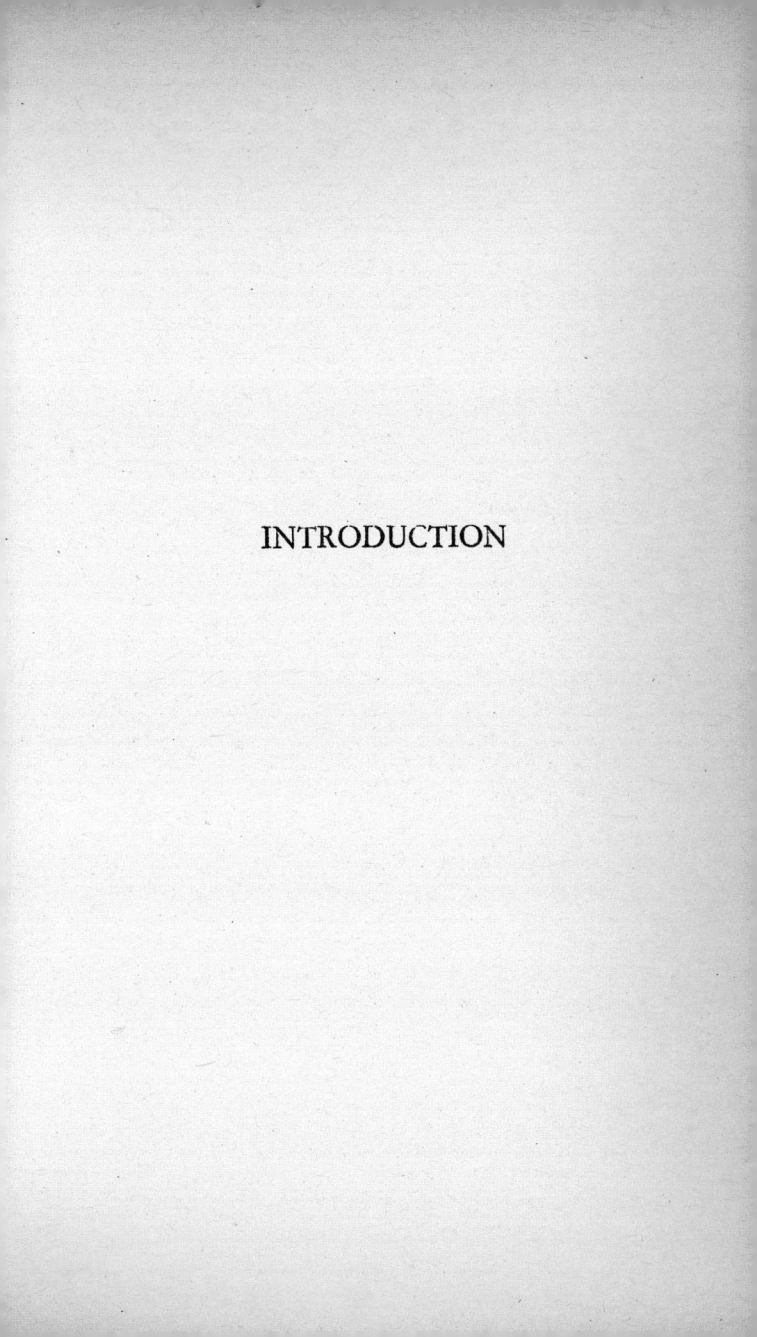

Dans un bouge de quartier de Londres, dans un lieu hétéroclite des plus sales, au sous-sol, Dirty était ivre. Elle l'était au dernier degré, j'étais près d'elle (ma main avait encore un pansement, suite d'une blessure de verre cassé). Ce jour-là, Dirty avait une robe du soir somptueuse (mais j'étais mal rasé, les cheveux en désordre). Elle étirait ses longues jambes, entrée dans une convulsion violente. Le bouge était plein d'hommes dont les yeux devenaient très sinistres. Ces yeux d'hommes troublés faisaient penser à des cigares éteints. Dirty étreignait ses cuisses nues à deux mains. Elle gémissait en mordant un rideau sale. Elle était aussi saoule qu'elle était belle: elle roulait des yeux ronds et furibonds en fixant la lumière du gaz.

— Qu'y a-t-il? cria-t-elle.

En même temps, elle sursauta, semblable à un canon qui tire dans un nuage de poussière. Les yeux sortis, comme un épouvantail, elle eut un flot de larmes.

— Troppmann! cria-t-elle à nouveau.

Elle me regardait en ouvrant des yeux de plus en plus grands. De ses longues mains sales elle caressa ma tête de blessé. Mon front était humide de fièvre. Elle pleurait comme on vomit, avec une folle supplication. Sa chevelure, tant elle sanglotait, fut trempée de larmes.

En tous points, la scène qui précéda cette

orgie répugnante — à la suite de laquelle des rats durent rôder autour de deux corps étalés sur le sol — fut digne de Dostoïevski...

L'ivresse nous avait engagés à la dérive, à la recherche d'une sinistre réponse à l'obsession la plus sinistre.

Avant d'être touchés par la boisson jusqu'au bout, nous avions su nous retrouver dans une chambre du Savoy. Dirty avait remarqué que le liftier était très laid (en dépit de son bel uniforme, on aurait dit un fossoyeur).

Elle me le dit en riant vaguement. Déjà elle parlait de travers, elle parlait comme une femme saoule:

— Tu sais — à chaque instant elle s'arrêtait court, secouée qu'elle était par le hoquet — j'étais gosse... je me rappelle.. je suis venue ici avec ma mère... ici... il y a une dizaine d'années... alors, je devais avoir douze ans... Ma mère, c'était une grande vieille passée dans le genre de la reine d'Angleterre... Alors, justement, en sortant de l'ascenseur, le liftier... celui-là...

— Lequel?... celui-là?...

— Oui. Le même qu'aujourd'hui. Il n'a pas ajusté la cage... la cage est allée trop haut... elle s'est allongée tout du long... elle a fait plouf... ma mère...

Dirty éclata de rire et, comme une folle, elle ne pouvait plus s'arrêter.

Cherchant péniblement les mots, je lui dis:

— Ne ris plus. Jamais tu ne finiras ton histoire.

Elle s'arrêta de rire et se mit à crier:

— Ah! Ah! je deviens idiote... je vais... Non, non, je finis mon histoire... ma mère, elle, ne bougeait pas... elle avait les jupes en l'air... ses grandes jupes... comme une morte... elle ne bougeait plus... ils l'ont ramassée pour la mettre au lit... elle s'est mise à dégueuler... elle était archi-saoule... mais, l'instant d'avant, on ne voyait pas... cette femme... on aurait dit un dogue... elle faisait peur...

Honteusement, je dis à Dirty:

— J'aimerais m'étaler comme elle devant toi...

— Vomirais-tu? me demanda Dirty sans rire.

Elle m'embrassa dans la bouche.

— Peut-être.

Je passai dans la salle de bains. J'étais très pâle et sans nulle raison, longuement je me regardai dans une glace: j'étais vilainement décoiffé, à moitié vulgaire, les traits bouffis, pas même laids, l'air fétide d'un homme au sortir du lit.

Dirty était seule dans la chambre, une chambre vaste, illuminée d'une quantité de lampes au plafond. Elle se promenait en marchant droit devant elle comme si elle ne devait plus s'arrêter: elle semblait littéralement folle.

Elle était décolletée jusqu'à l'indécence. Ses cheveux blonds avaient, sous les lumières, un éclat insupportable pour moi.

Pourtant elle me donnait un sentiment de pureté — il y avait en elle, il y avait même dans sa débauche, une candeur telle que, parfois, j'aurais voulu me mettre à ses pieds : j'en avais peur. Je voyais qu'elle n'en pouvait plus. Elle était prête à tomber. Elle se mit à respirer mal, à respirer comme une bête : elle étouffait. Son regard mauvais, traqué, m'aurait fait perdre la tête. Elle s'arrêta : elle devait se tordre les jambes sous la robe. Elle allait sûrement délirer.

Elle fit jouer la sonnerie pour appeler la femme de chambre.

Après quelques instants, il entra une servante assez jolie, rousse, au teint frais : elle parut suffoquée par une odeur rare dans un endroit si luxueux : une odeur de bordel de bas étage. Dirty avait cessé de se tenir debout autrement qu'appuyée au mur : elle paraissait souffrir affreusement. Je ne sais où elle s'était couverte, ce jour-là, de parfums à bon marché, mais, dans l'état indicible où elle s'était mise, elle dégageait au surplus une odeur surie de fesse et d'aisselle qui, mêlée aux parfums, rappelait la puanteur pharmaceutique. Elle sentait en même temps le whisky, elle avait des renvois...

La jeune Anglaise était interloquée.

— Vous, j'ai besoin de vous, lui fit Dirty, mais d'abord il faut aller chercher le liftier : j'ai quelque chose à lui dire.

La servante disparut et Dirty, qui cette fois vacillait, alla s'asseoir sur une chaise. A grand-peine, elle réussit à placer par terre à côté d'elle une bouteille et un verre. Ses yeux s'alourdissaient.

Elle me chercha des yeux et je n'étais plus là.

Elle s'affola. Elle appela d'une voix désespérée:
— Troppmann!
On ne répondit pas.
Elle se leva et, plusieurs fois, faillit tomber. Elle parvint à l'entrée de la salle de bains: elle me vit affalé sur un siège, livide et défait; dans mon aberration, je venais de rouvrir la blessure de ma main droite: le sang que j'essayais d'arrêter avec une serviette gouttait rapidement par terre. Dirty, devant moi, me fixait avec des yeux de bête. J'essuyai ma figure; ainsi je me couvris de sang le front et le nez. La lumière électrique devenait aveuglante. C'était insupportable: cette lumière épuisait les yeux.

On frappa à la porte et la femme de chambre rentra suivie du liftier.
Dirty s'effondra sur la chaise. Au bout d'un temps qui me sembla très long, sans rien voir et la tête basse, elle demanda au liftier:
— Vous étiez ici en 1924?
Le liftier répondit oui.
— Je veux vous demander: la grande bonne femme âgée... celle qui est sortie de l'ascenseur en tombant, elle a vomi par terre... Vous vous rappelez?
Dirty prononçait sans rien voir, comme si elle avait les lèvres mortes.
Les deux domestiques, horriblement gênés, se jetaient des coups d'œil obliques pour s'interroger et s'observer mutuellement.
— Je me souviens, c'est vrai, admit le liftier.
(Cet homme d'une quarantaine d'années avait une figure de voyou fossoyeur, mais cette figure

21

semblait avoir mariné dans l'huile à force d'onctuosité.)

— Un verre de whisky? demanda Dirty.

Personne ne répondit, les deux personnages étaient debout avec déférence, attendant péniblement.

Dirty se fit donner son sac. Ses mouvements étaient si lourds qu'elle passa une longue minute avant de faire entrer une main au fond du sac. Quand elle eut trouvé, elle jeta un paquet de bank-notes par terre en disant simplement:

— Partagez...

Le fossoyeur trouvait une occupation. Il ramassa ce paquet précieux et compta les livres à voix haute. Il y en avait vingt. Il en remit dix à la femme de chambre.

— Nous pouvons nous retirer? demanda-t-il après un temps.

— Non, non, pas encore, je vous en prie, asseyez-vous.

Elle semblait étouffer, le sang lui montait au visage. Les deux domestiques étaient demeurés debout, observant une grande déférence, mais ils devinrent également rouges et angoissés, moitié à cause de l'importance stupéfiante du pourboire, moitié à cause d'une situation invraisemblable et incompréhensible.

Muette, Dirty se tenait sur la chaise. Il se passa un long moment: on aurait pu entendre les cœurs à l'intérieur des corps. Je m'avançai jusqu'à la porte, le visage barbouillé de sang, pâle et malade, j'avais des hoquets, prêt à vomir. Les domestiques terrifiés virent un filet d'eau couler le long de la chaise et des jambes de leur belle interlocutrice: l'urine forma une flaque qui s'agrandit sur le tapis tandis qu'un bruit d'entrailles relâchées se produisait lourdement sous la robe de la jeune fille, révulsée, écarlate et tordue sur sa chaise comme un porc sous un couteau...

La femme de chambre, écœurée et tremblante, dut laver Dirty qui paraissait redevenue calme et heureuse. Elle se laissait essuyer et savonner. Le liftier aéra la chambre jusqu'à ce que l'odeur ait tout à fait disparu.

Ensuite, il me fit un pansement pour arrêter le sang de ma blessure.

De nouveau, toutes choses étaient dans l'ordre: la femme de chambre achevait de ranger du linge. Dirty, plus belle que jamais, lavée et parfumée, continuait à boire, elle s'étendit sur le lit. Elle fit asseoir le liftier. Il s'assit auprès d'elle dans un fauteuil. A ce moment, l'ivresse la fit s'abandonner comme une enfant, comme une petite fille.

Alors même qu'elle ne disait rien, elle paraissait abandonnée.

Parfois, elle riait seule.

— Racontez-moi, dit-elle enfin au liftier, depuis tant d'années que vous êtes au Savoy, vous avez dû en voir, des horreurs.

— Oh, pas tant que ça, répondit-il, non sans finir d'avaler un whisky, qui parut le secouer et le remettre à l'aise. En général, ici, les clients sont bien corrects.

— Oh, corrects, n'est-ce pas, c'est une manière

d'être: ainsi, ma défunte mère qui s'est foutu la gueule par terre devant vous et vous a dégueulé sur les manches...

Et Dirty éclata de rire d'une façon discordante, dans un vide, sans trouver l'écho.

Elle poursuivit:

— Et savez-vous pourquoi ils sont tous corrects? Ils ont la frousse, entendez-vous, ils claquent des dents, c'est pour ça qu'ils n'osent rien montrer. Je sens ça parce que, moi aussi, j'ai la frousse, mais oui, comprenez-vous, mon garçon... même de vous. J'ai peur à en crever...

— Madame ne veut pas un verre d'eau, demanda timidement la femme de chambre.

— Merde! répondit brutalement Dirty, lui tirant la langue, je suis malade, moi, comprenez-le, et j'ai quelque chose dans la tête, moi.

Puis:

— Vous vous en foutez, mais ça m'écœure, entendez-vous?

Doucement, d'un geste, je réussis à l'interrompre.

Je la fis boire encore une gorgée de whisky, disant au liftier:

— Avouez que, s'il tenait à vous, vous l'étrangleriez!

— Tu as raison, glapit Dirty, regarde ces énormes pattes, ces pattes de gorille, c'est poilu comme des couilles.

— Mais, protesta le liftier, épouvanté, il s'était levé, Madame sait que je suis à son service.

— Mais non, idiot, crois-tu, je n'ai pas besoin de tes couilles. J'ai mal au cœur.

Elle gloussa en rotant.

La femme de chambre se précipita et rapporta une cuvette. Elle parut la servilité même, parfaitement honnête. J'étais assis, inerte, blême et je buvais de plus en plus.

— Et vous, là, l'honnête fille, fit Dirty s'adressant cette fois à la femme de chambre, vous vous masturbez et vous regardez les théières aux devantures pour vous monter en ménage; si j'avais des fesses comme les vôtres, je les montrerais à tout le monde; sans quoi, on crève de honte, un jour, on trouve le trou en se grattant.

Tout à coup, effrayé, je dis à la femme de chambre:

— Jetez-lui des gouttes d'eau dans la figure... vous voyez bien qu'elle s'échauffe.

La femme de chambre, aussitôt, s'affaira. Elle mit sur le front de Dirty une serviette mouillée.

Péniblement, Dirty alla jusqu'à la fenêtre. Elle vit sous elle la Tamise et, au fond, quelques-uns des bâtiments les plus monstrueux de Londres, agrandis par l'obscurité. Elle vomit rapidement à l'air libre. Soulagée, elle m'appela et je lui tins le front tout en fixant l'immonde égout du paysage, le fleuve et les docks. Dans le voisinage de l'hôtel, des immeubles luxueux et illuminés surgissaient avec insolence.

Je pleurais presque en regardant Londres, à force d'être perdu d'angoisse. Des souvenirs d'enfance, ainsi les petites filles qui jouaient avec moi au *diabolo* ou à *pigeon vole* s'associaient, pendant que je respirais l'air frais, à la vision des mains de gorille du liftier. Ce qui arrivait me sembla d'ailleurs insignifiant et vaguement risible. Moi-même, j'étais vide. C'est à peine si j'imaginais de remplir ce vide à l'aide d'horreurs nouvelles. Je me sentais impuissant et avili. Dans cet état d'obstruction et d'indifférence, j'accompagnai Dirty jusque dans la rue. Dirty m'entraînait. Cependant, je n'aurais pu imaginer une créature humaine qui soit une épave plus à vau-l'eau.

L'angoisse qui ne laissait pas le corps un instant détendu est d'ailleurs la seule explication d'une facilité merveilleuse: nous réussissions à nous passer n'importe quelle envie, au mépris des cloisons établies, aussi bien dans la chambre du Savoy que dans le bouge, où nous pouvions.

PREMIÈRE PARTIE

Je le sais.

Je mourrai dans des conditions déshonorantes.

Je jouis aujourd'hui d'être un objet d'horreur, de dégoût, pour le seul être auquel je suis lié.

Ce que je veux: ce qui peut survenir de plus mauvais à un homme qui en rie.

La tête vide où « je » suis est devenue si peureuse, si avide, que la mort seule pourrait la satisfaire.

Il y a quelques jours, je suis arrivé — réellement, et non dans un cauchemar — dans une ville qui ressemblait au décor d'une tragédie. Un soir — je ne le dis que pour rire d'une façon plus malheureuse — je n'ai pas été ivre seul à regarder deux vieillards pédérastes qui tournoyaient en dansant, réellement, et non dans un rêve. Au milieu de la nuit le Commandeur entra dans ma chambre: pendant l'après-midi, je passai devant son tombeau, l'orgueil m'avait poussé à l'inviter ironiquement. Son arrivée inattendue m'épouvanta.

Devant lui, je tremblais. Devant lui, j'étais une épave.

Près de moi gisait la seconde victime: l'extrême dégoût de ses lèvres les rendait semblables aux lèvres d'une morte. Il en coulait une bave plus affreuse que du sang. Depuis ce jour-

là, j'ai été condamné à cette solitude que je refuse, que je n'ai plus le cœur de supporter. Mais je n'aurais qu'un cri pour répéter l'invitation et, si j'en croyais une aveugle colère, ce ne serait plus moi qui m'en irais, ce serait le cadavre du vieillard.

A partir d'une ignoble souffrance, à nouveau, l'insolence, qui, malgré tout, persiste de façon sournoise, grandit, d'abord lentement, puis, tout à coup, dans un éclat, elle m'aveugle et m'exalte dans un bonheur affirmé contre toute raison.

Le bonheur à l'instant m'enivre, il me saoule.
Je le crie, je le chante à pleine gorge.
En mon cœur idiot, l'idiotie chante à gorge déployée.
JE TRIOMPHE!

DEUXIÈME PARTIE

Le mauvais présage

1

Pendant la période de ma vie où je fus le plus malheureux, je rencontrai souvent — pour des raisons peu justifiables et sans l'ombre d'attrait sexuel — une femme qui ne m'attira que par un aspect absurde: comme si ma chance exigeait qu'un oiseau de malheur m'accompagnât dans cette circonstance. Quand je revins de Londres, en mai, j'étais égaré et, dans un état de surexcitation, presque malade, mais cette fille était bizarre, elle ne s'aperçut de rien. J'avais quitté Paris en juin pour rejoindre Dirty à Prüm: puis Dirty, excédée, m'avait quitté. A mon retour, j'étais incapable de soutenir longtemps une attitude convenue. Je rencontrai « l'oiseau de malheur » le plus souvent que je pouvais. Mais il m'arrivait d'avoir des crises d'exaspération devant elle.

Elle en fut inquiète. Un jour, elle me demanda ce qui m'arrivait: elle me dit un peu plus tard qu'elle avait eu le sentiment que j'allais devenir fou d'un instant à l'autre.

J'étais irrité. Je lui répondis:

— Absolument rien.

Elle insista:

— Je comprends que vous n'ayez pas envie de parler: il vaudrait sans doute mieux que je vous quitte maintenant. Vous n'êtes pas assez tranquille pour examiner des projets... Mais j'aime autant vous le dire: je finis par m'inquiéter... Qu'allez-vous faire?

Je la regardai dans les yeux, sans l'ombre de résolution. Je devais avoir l'air égaré, comme si j'avais voulu fuir une obsession sans pouvoir échapper. Elle détourna la tête. Je lui dis:

— Vous imaginez sans doute que j'ai bu?
— Non, pourquoi? Ça vous arrive?
— Souvent.
— Je ne savais pas (elle me tenait pour un homme sérieux, même absolument sérieux, et, pour elle, l'ivrognerie était inconciliable avec d'autres exigences). Seulement... vous avez l'air à bout.
— Il vaudrait mieux revenir au projet.
— Vous êtes visiblement trop fatigué. Vous êtes assis, vous avez l'air prêt à tomber...
— C'est possible.
— Qu'est-ce qu'il y a?
— Je deviendrai fou.
— Mais pourquoi?
— Je souffre.
— Que puis-je faire?
— Rien.
— Vous ne pouvez pas me dire ce que vous avez?
— Je ne crois pas.
— Télégraphiez à votre femme de revenir. Elle n'est pas obligée de rester à Brighton?
— Non, d'ailleurs elle m'a écrit. Il vaut mieux qu'elle ne vienne pas.
— Sait-elle l'état dans lequel vous êtes?
— Elle sait aussi qu'elle n'y changerait rien.

Cette femme resta perplexe: elle dut penser que j'étais insupportable et pusillanime mais que, pour l'instant, son devoir était de m'aider à sortir de là. A la fin, elle se décida à me dire sur un ton brusque:

— Je ne peux pas vous laisser comme ça. Je vais vous raccompagner chez vous... ou chez des amis... comme vous voulez...

Je ne répondis pas. A ce moment, les choses, dans ma tête, commençaient à s'obscurcir. J'en avais assez.

Elle me raccompagna jusque chez moi. Je ne prononçai plus un mot.

2

Je la voyais en général dans un bar-restaurant derrière la Bourse. Je la faisais manger avec moi. Nous arrivions difficilement à finir un repas. Le temps passait en discussions.

C'était une fille de vingt-cinq ans, laide et visiblement sale (les femmes avec lesquelles je sortais auparavant étaient, au contraire, bien habillées et jolies). Son nom de famille, Lazare, répondait mieux à son aspect macabre que son prénom. Elle était étrange, assez ridicule même. Il était difficile d'expliquer l'intérêt que j'avais pour elle. Il fallait supposer un dérangement mental. Il en allait ainsi, tout au moins, pour ceux de mes amis que je rencontrais en Bourse.

Elle était, à ce moment, le seul être qui me fît échapper à l'abattement: elle avait à peine passé la porte du bar — sa silhouette décarcassée et noire à l'entrée, dans cet endroit voué à la chance et à la fortune, était une stupide apparition du malheur — je me levais, je la conduisais à ma table. Elle avait des vêtements noirs, mal coupés et tachés. Elle avait l'air de ne rien voir devant elle, souvent elle bousculait les tables en passant. Sans chapeau, ses cheveux courts, raides et mal peignés, lui donnaient des ailes de corbeau de chaque côté du visage. Elle avait un grand nez de juive maigre, à la chair jaunâtre, qui sortait de ces ailes sous des lunettes d'acier.

Elle mettait mal à l'aise: elle parlait lentement avec la sérénité d'un esprit étranger à tout; la maladie, la fatigue, le dénuement ou la mort ne comptaient pour rien à ses yeux. Ce qu'elle supposait d'avance, chez les autres était l'indifférence la plus calme. Elle exerçait une fascination, tant par sa lucidité que par sa pensée d'hallucinée. Je lui remettais l'argent nécessaire à l'impression d'une minuscule revue mensuelle à laquelle elle attachait beaucoup d'importance. Elle y défendait les principes d'un communisme bien différent du communisme officiel de Moscou. Le plus souvent, je pensais qu'elle était positivement folle, que c'était, de ma part, une plaisanterie malveillante de me prêter à son jeu. Je la voyais, j'imagine, parce que son agitation était aussi désaxée, aussi stérile que ma vie privée, en même temps aussi troublée. Ce qui m'intéressait le plus était l'avidité maladive qui la poussait à donner sa vie et son sang pour la cause des déshérités. Je réfléchissais: ce serait un sang pauvre de vierge sale.

3

Lazare me raccompagna. Elle entra chez moi. Je lui demandai de me laisser lire une lettre de ma femme qui m'attendait. C'était une lettre de huit ou dix pages. Ma femme me disait qu'elle n'en pouvait plus. Elle s'accusait de m'avoir perdu alors que tout s'était passé par ma faute.

Cette lettre me bouleversa. J'essayai de ne pas pleurer, je n'y réussis pas. Je suis allé pleurer seul aux cabinets. Je ne pouvais m'arrêter et, en sortant, j'essuyais mes larmes qui continuaient de couler.

Je dis à Lazare, lui montrant mon mouchoir trempé:

— C'est lamentable.

— Vous avez de mauvaises nouvelles de votre femme?

— Non, ne faites pas attention, je perds la tête maintenant, mais je n'ai pas de raison précise.

— Mais rien de mauvais?

— Ma femme me raconte un rêve qu'elle avait fait...

— Comment un rêve?

— Cela n'a pas d'importance. Vous pouvez lire si vous voulez. Seulement, vous comprendrez mal.

Je lui passai un des feuillets de la lettre d'Edith (je ne pensais pas que Lazare comprendrait mais qu'elle serait étonnée). Je me disais: je suis peut-être mégalomane, mais il faut en passer par là, Lazare, moi, ou n'importe qui d'autre.

Le passage que je fis lire à Lazare n'avait rien à voir avec ce qui, dans la lettre, m'avait bouleversé.

« Cette nuit, écrivait Edith, j'ai fait un rêve qui n'en finissait plus et il m'a laissé un poids insupportable. Je te le raconte parce que j'ai peur de le garder pour moi seule.

« Nous étions tous les deux avec plusieurs amis et on a dit que, si tu sortais, tu allais être assassiné. C'était parce que tu avais publié des articles politiques... Tes amis ont prétendu que ça n'avait pas d'importance. Tu n'as rien dit, mais tu es devenu très rouge. Tu ne voulais absolument pas être assassiné, mais tes amis t'ont entraîné et vous êtes tous sortis.

« Il est arrivé un homme qui venait pour te tuer. Pour cela il fallait qu'il allume une lampe qu'il tenait dans la main. Je marchais à côté de toi et l'homme, qui voulait me faire comprendre qu'il t'assassinerait, a allumé la lampe: la lampe a fait partir une balle qui m'a traversée.

« Tu étais avec une jeune fille et, à ce moment-là, j'ai compris ce que tu voulais et je t'ai dit: « Puisqu'on va te tuer, au moins, tant « que tu vis, va avec cette jeune fille dans une « chambre et fais ce que tu veux avec elle. » Tu m'as répondu: « Je veux bien. » Tu es allé dans la chambre avec la jeune fille. Ensuite, l'homme a dit qu'il était temps. Il a rallumé la lampe.

Il est parti une seconde balle qui t'était destinée, mais j'ai senti que c'était moi qui la recevais, et c'était fini pour moi. Je me suis passé la main sur la gorge: elle était chaude et gluante de sang. C'était horrible... »

Je m'étais assis sur un divan à côté de Lazare qui lisait. Je recommençai à pleurer en essayant de me retenir. Lazare ne comprenait pas que je pleure à cause du rêve. Je lui dis:

— Je ne peux pas vous expliquer tout, seulement je me suis conduit comme un lâche avec tous ceux que j'ai aimés. Ma femme s'est dévouée pour moi. Elle se rendait folle pour moi pendant que je la trompais. Vous comprenez: quand je lis cette histoire qu'elle a rêvée, je voudrais qu'on me tue à l'idée de tout ce que j'ai fait...

Lazare me regarda alors comme on regarde quelque chose qui dépasse ce qu'on attendait. Elle, qui considérait tout, d'ordinaire, avec des yeux fixes et assurés, parut soudain décontenancée: elle était comme frappée d'immobilité et ne disait plus un mot. Je la regardai en face, mais les larmes sortaient de mes yeux malgré moi.

J'étais emporté par un vertige, j'étais pris d'un besoin puéril de gémir:

— Je devrais tout vous expliquer.

Je parlais avec des larmes. Les larmes glissaient sur ma joue et tombaient dans mes lèvres. J'expliquai à Lazare le plus brutalement que je pus tout ce que j'avais fait d'immonde à Londres avec Dirty.

Je lui dis que je trompais ma femme de toutes les façons, même avant, que j'étais devenu épris de Dirty au point que je ne tolérais plus rien quand je comprenais que je l'avais perdue.

Je racontai ma vie entière à cette vierge. Raconté à une telle fille (qui, dans sa laideur, ne pouvait endurer l'existence que risiblement, réduite à une rigidité stoïque), c'était d'une impudence dont j'avais honte.

Jamais je n'avais parlé à personne de ce qui m'était arrivé et chaque phrase m'humiliait comme une lâcheté.

4

En apparence, je parlais comme un malheureux, d'une façon humiliée, mais c'était une tricherie. Je restais cyniquement méprisant, dans le fond, devant une fille laide comme Lazare. Je lui expliquai :

— Je vais vous dire pourquoi tout s'est mal passé : c'est pour une raison qui vous semblera sûrement incompréhensible. Jamais je n'ai eu de femme plus belle ou plus excitante que Dirty : elle me faisait absolument perdre la tête, mais au lit, j'étais impuissant avec elle...

Lazare ne comprenait pas un mot à mon histoire, elle commençait à s'énerver. Elle m'interrompit :

— Mais, si elle vous aimait, est-ce que c'était si mal ?

J'éclatai de rire et, encore une fois, Lazare parut gênée.

— Avouez, lui ai-je dit, qu'on n'inventerait pas une histoire plus édifiante : les débauchés déconcertés, réduits à s'écœurer l'un l'autre. Mais... mieux vaut que je parle sérieusement : je ne voudrais pas vous jeter les détails à la tête, pourtant, il n'est pas difficile de nous comprendre. Elle était aussi habituée que moi aux excès et je ne pouvais pas la satisfaire avec des simagrées. (Je parlais presque à voix basse. J'avais l'impression d'être imbécile, mais j'avais besoin de parler; à force de détresse — et si stupide que cela soit — il valait mieux que Lazare soit là. Elle était là et j'étais moins égaré.)

Je m'expliquai:

— Ce n'est pas difficile à comprendre. Je me mettais en sueur. Le temps passait en efforts inutiles. A la fin, j'étais dans un état d'extrême épuisement physique, mais l'épuisement moral était pire. Aussi bien pour elle que pour moi. Elle m'aimait et pourtant, à la fin, elle me regardait bêtement, avec un sourire fuyant, même fielleux. Elle s'excitait avec moi et je m'excitais avec elle, mais nous n'arrivions qu'à nous écœurer. Vous comprenez: on devient dégoûtant.. Tout était impossible. Je me sentais perdu et, à ce moment-là, je ne pensais plus qu'à me jeter sous un train...

Je m'arrêtai un moment. Je dis encore:

— Il y avait toujours un arrière-goût de cadavre...

— Qu'est-ce que vous voulez dire?

— Surtout à Londres... Quand j'ai été à Prüm la retrouver, il était convenu qu'il n'arriverait plus rien du même genre, mais à quoi bon... Vous ne pouvez pas imaginer à quel degré d'aberration il est possible d'arriver. Je me demandais pourquoi j'étais impuissant avec elle, et pas avec les autres. Tout allait bien quand je méprisais une femme, par exemple une prostituée. Seulement, avec Dirty, j'avais toujours envie de me jeter à ses pieds. Je la respectais trop, et je la respectais justement parce qu'elle était perdue de débauches.. Tout cela doit être inintelligible pour vous...

Lazare m'interrompit:

— Je ne comprends pas, en effet. A vos yeux, la débauche dégradait les prostituées qui en vivent. Je ne vois pas comment elle pouvait ennoblir cette femme...

La nuance de mépris avec laquelle Lazare avait prononcé « cette femme » me donna l'impression d'un inextricable non-sens. Je regardai les mains de la pauvre fille: les ongles crasseux, le teint de la peau un peu cadavérique; l'idée me passa dans la tête que, sans doute, elle ne s'était pas lavée en sortant d'un certain endroit... Rien de pénible pour d'autres, mais Lazare me répugnait physiquement. Je la regardai en face. Dans un tel état d'angoisse, je me sentis traqué — en train de devenir à demi fou — c'était en même temps comique et sinistre, comme si j'avais eu un corbeau, un oiseau de malheur, un avaleur de déchets sur mon poignet.

Je pensai: elle a enfin trouvé la bonne raison de me mépriser. J'ai regardé mes mains: elles étaient hâlées par le soleil et propres; mes vêtements d'été clairs étaient en bon état. Les mains de Dirty étaient le plus souvent éblouissantes, les ongles couleur de sang frais. Pourquoi me laisser déconcerter par cette créature manquée et pleine de mépris pour la chance de l'autre? Je devais être un lâche, un jocrisse, mais, au point où j'en étais, je l'admettais sans malaise.

5

Quand j'ai répondu à la question — après avoir longtemps attendu, comme si j'étais hébété — je ne voulais plus que profiter d'une présence, assez vague, pour échapper à une intolérable solitude. Malgré son aspect affreux, à mes yeux, Lazare avait à peine une ombre d'existence. Je lui dis:

— Dirty est le seul être au monde qui m'ait jamais contraint à l'admiration... (en un certain sens, je mentais: elle n'était peut-être pas seule, mais, en un sens plus profond, c'était vrai). J'ajoutai: il était grisant pour moi qu'elle soit très riche; elle pouvait ainsi cracher à la figure des autres. J'en suis sûr: elle vous aurait méprisée. Ce n'est pas comme moi...

J'essayai de sourire, épuisé de fatigue. Contre mon attente, Lazare laissa passer mes phrases sans baisser les yeux: elle était devenue indifférente. Je continuai:

— Maintenant, j'aime mieux aller jusqu'au bout... Si vous voulez, je vais tout vous raconter. A un moment donné, à Prüm, j'ai imaginé que j'étais impuissant avec Dirty parce que j'étais nécrophile...

— Qu'est-ce que vous dites?
— Rien d'insensé.
— Je ne comprends pas...

— Vous savez ce que veut dire nécrophile.
— Pourquoi vous moquez-vous de moi?
Je m'impatientais.
— Je ne me moque pas de vous.
— Qu'est-ce que ça veut dire?
— Pas grand-chose.

Lazare réagissait peu, comme s'il s'agissait d'une gaminerie outrecuidante. Elle répliqua:
— Vous avez essayé?
— Non. Je n'ai jamais été jusque-là. La seule chose qui me soit arrivée: une nuit que j'ai passée dans un appartement où une femme âgée venait de mourir: elle était sur son lit, comme n'importe quelle autre, entre les deux cierges, les bras disposés le long du corps, mais pas les mains jointes. Il n'y avait personne dans la chambre pendant la nuit. A ce moment-là, je me suis rendu compte.
— Comment?
— Je me suis réveillé vers trois heures du matin. J'ai eu l'idée d'aller dans la chambre où était le cadavre. J'ai été terrifié, mais j'avais beau trembler, je restai devant ce cadavre. A la fin, j'ai enlevé mon pyjama.
— Jusqu'où êtes-vous allé?
— Je n'ai pas bougé, j'étais troublé à en perdre la tête; c'est arrivé de loin, simplement, en regardant.
— C'était une femme encore belle?
— Non. Tout à fait flétrie.

Je pensais que Lazare finirait par se mettre en colère, mais elle était devenue aussi calme qu'un curé écoutant une confession. Elle se borna à m'interrompre:

— Cela n'explique en rien pourquoi vous étiez impuissant?

— Si. Ou du moins, quand j'ai vécu avec Dirty, je pensais que c'était l'explication. En tout cas, j'ai compris que les prostituées avaient pour moi un attrait analogue à celui des cadavres. Ainsi, j'avais lu l'histoire d'un homme qui les prenait le corps poudré de blanc, contrefaisant la morte entre deux cierges, mais là n'était pas la question. J'ai parlé à Dirty de ce qu'on pouvait faire et elle s'est énervée avec moi...

— Pourquoi Dirty ne simulait-elle pas la morte par amour pour vous? Je suppose: elle n'aurait pas reculé pour si peu.

Je dévisageai Lazare, étonné qu'elle regarde l'affaire en face; j'avais envie de rire:

— Elle n'a pas reculé. D'ailleurs, elle est pâle comme une morte. En particulier, à Prüm, elle était à peu près malade. Même un jour elle me proposa d'appeler un prêtre catholique: elle voulait recevoir l'extrême-onction en simulant l'agonie devant moi, mais la comédie m'a semblé intolérable. C'était évidemment risible, mais surtout effrayant. Nous n'en pouvions plus. Un soir, elle était nue sur le lit, j'étais debout près d'elle, également nu. Elle voulait m'énerver et me parlait cadavres... sans résultat... Assis sur le bord du lit, je me mis à pleurer. Je lui dis que j'étais un pauvre idiot: j'étais effondré sur le bord du lit. Elle était devenue livide: elle avait une sueur froide... Elle s'est mise à claquer des dents. Je l'ai touchée, elle était froide. Elle avait les yeux blancs. Elle était horrible à voir... Sur-le-champ j'ai tremblé comme si la fatalité me prenait par le poignet pour le tordre, afin de m'obliger à crier. Je ne pleurais plus tant j'avais peur. Ma bouche s'était desséchée. J'ai passé des vêtements. J'ai voulu la prendre dans mes bras et lui parler. Elle m'a repoussé par horreur de moi. Elle était vraiment malade...

Elle a vomi par terre. Il faut dire que nous avions bu toute la soirée..., du whisky.

— Bien sûr, interrompit Lazare.

— Pourquoi « bien sûr »?

Je regardai Lazare avec haine. Je continuai:

— Cela s'est terminé de cette façon. A partir de cette nuit-là elle n'a plus supporté que je la touche.

— Elle vous a quitté?

— Pas tout de suite. Nous avons même continué plusieurs jours d'habiter ensemble. Elle me disait qu'elle ne m'aimait pas moins; au contraire, elle se sentait liée à moi, mais elle avait horreur de moi, une horreur insurmontable.

— En de telles conditions, vous ne pouviez pas souhaiter que cela dure.

— Je ne pouvais rien souhaiter, mais à l'idée qu'elle me quitterait, je perdais la tête. Nous en étions venus à tel point qu'à nous voir dans une chambre, le premier venu aurait pensé qu'il y avait un mort dans la chambre. Nous allions et venions sans mot dire. De temps à autre, rarement, nous nous dévisagions. Comment cela aurait-il pu durer?

— Mais comment vous êtes-vous séparés?

— Un jour elle m'a dit qu'elle devait partir.

Elle ne voulait pas dire où elle allait. Je lui ai demandé de l'accompagner. Elle m'a répondu: peut-être. Nous sommes allés ensemble jusqu'à Vienne. A Vienne, nous avons pris une voiture jusqu'à l'hôtel. Quand la voiture s'est arrêtée, elle m'a dit d'arranger les choses pour la chambre et de l'attendre dans le hall: elle devait d'abord aller à la poste. J'ai fait prendre les valises et elle a gardé la voiture. Elle est partie sans dire un mot: j'avais le sentiment qu'elle avait perdu la tête. Nous avions entendu depuis longtemps d'aller à Vienne et je lui avais donné mon passeport pour prendre mes lettres. D'ailleurs, tout l'argent que nous possédions était dans son sac. J'ai attendu trois heures dans le hall. C'était dans l'après-midi. Ce jour-là il y avait un vent violent avec des nuages bas, mais on ne pouvait pas respirer, tellement il faisait chaud. Il était évident qu'elle ne reviendrait plus et, aussitôt, je pensai que la mort s'approchait de moi.

Cette fois, Lazare, qui me fixait, semblait émue. Je m'étais arrêté, elle me demanda elle-même, humainement, de lui dire ce qui arriva. Je repris:

— Je me suis fait conduire dans la chambre où il y avait deux lits et tous ses bagages... Je peux dire que la mort entrait dans ma tête... je ne me rappelle plus ce que j'ai fait dans la chambre... A un moment donné, je suis allé à la fenêtre et je l'ai ouverte: le vent faisait un bruit violent et l'orage s'approchait. Dans la rue, juste devant moi, il y avait une très longue banderole noire. Elle avait bien huit ou dix mètres de long. Le vent avait à moitié décroché la hampe: elle avait l'air de battre de l'aile. Elle ne tombait pas: elle claquait dans le vent avec un grand bruit à hauteur du toit; elle se déroulait en prenant des formes tourmentées: comme un ruisseau d'encre qui aurait coulé dans les nuages. L'incident paraît étranger à mon histoire, mais c'était pour moi comme si une poche d'encre s'ouvrait dans ma tête et j'étais sûr, ce jour-là, de mourir sans tarder: j'ai regardé plus bas, mais il y avait un balcon à l'étage inférieur. J'ai passé à mon cou la corde de tirage des rideaux. Elle paraissait solide: je suis monté sur une chaise et j'ai noué la corde, ensuite j'ai voulu me rendre compte. Je ne savais pas si je pourrais ou non me rattraper quand, d'un coup de pied, j'aurais fait basculer la chaise. Mais j'ai dénoué la corde et je suis descendu de la chaise. Je suis tombé inerte sur le tapis. J'ai pleuré à n'en plus pouvoir... A la fin, je me suis relevé: je me rappelle avoir eu la tête lourde. J'avais un sang-froid absurde, en même temps, je me sentais devenir fou. Je me suis relevé sous prétexte de regarder le sort bien en face. Je suis revenu à la fenêtre: il y avait toujours la banderole noire, mais la pluie tombait à verse; il faisait sombre, il y avait des éclairs et un grand bruit de tonnerre...

Tout cela n'avait plus d'intérêt pour Lazare qui me demanda:

— D'où venait votre banderole noire?

J'avais envie de la gêner, honteux peux-être

d'avoir parlé comme un mégalomane; je lui dis en riant:

— Vous connaissez l'histoire de la nappe noire qui couvre la table du souper quand Don Juan arrive?

— Quel rapport avec votre banderole?

— Aucun, sauf que la nappe était noire... La banderole était suspendue en l'honneur de la mort de Dollfuss.

— Vous étiez à Vienne au moment de l'assassinat?

— Non, à Prüm, mais je suis arrivé à Vienne le lendemain.

— Etant sur les lieux, vous avez dû être ému.

— Non. (Cette fille insensée, avec sa laideur, m'horrifiait par la constance de ses préoccupations.) D'ailleurs, même si la guerre en était sortie, elle aurait répondu à ce que j'avais dans la tête.

— Mais comment la guerre aurait-elle pu répondre à quelque chose que vous aviez en tête? Vous auriez été content qu'il y ait la guerre?

— Pourquoi pas?

— Vous pensez qu'une révolution pourrait suivre la guerre?

— Je parle de la guerre, je ne parle pas de ce qui la suivrait.

Je venais de la choquer plus brutalement que par tout ce que j'aurais pu lui dire.

Les pieds maternels

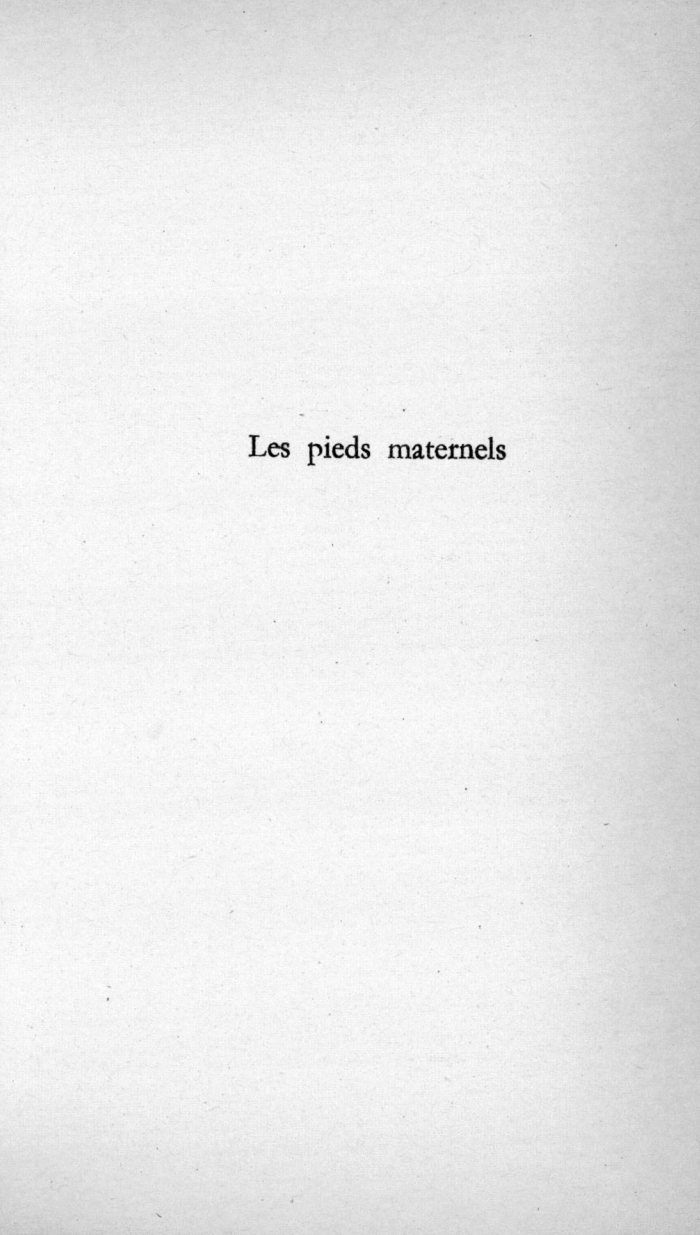

1

Je rencontrai Lazare moins souvent.

Mon existence avait pris un cours de plus en plus déjeté. Je buvais des alcools ici ou là, je marchais sans but précis et, finalement, je prenais un taxi pour rentrer chez moi; alors, dans le fond du taxi, je pensais à Dirty perdue et je sanglotais. Je ne souffrais même plus, je n'avais plus la moindre angoisse, je ne sentais plus dans ma tête qu'une stupidité achevée, comme un enfantillage qui ne finira plus. Je m'étonnais des extravagances auxquelles j'avais pu songer — je pensais à l'ironie et au courage que j'avais eus — quand je voulais provoquer le sort: de tout cela il ne me restait que l'impression d'être une sorte d'idiot, très touchant peut-être, en tout cas risible.

Je pensais encore à Lazare et, chaque fois, j'avais un sursaut: à la faveur de ma fatigue, elle avait pris une signification analogue à celle de la banderole noire qui m'avait effrayé à Vienne. A la suite des quelques paroles désagréables que nous avions échangées sur la guerre, je ne voyais plus seulement dans ces présages sinistres une menace concernant mon existence, mais une menace plus générale, suspendue au-dessus du monde... Sans doute, il n'existait rien de réel qui justifiât une association entre la guerre possible et Lazare qui, au

57

contraire, prétendait avoir en horreur ce qui touche à la mort: pourtant, tout en elle, sa démarche saccadée et somnambulique, le ton de sa voix, la faculté qu'elle avait de projeter autour d'elle une sorte de silence, son avidité de sacrifice contribuaient à donner l'impression d'un contrat qu'elle aurait accordé à la mort. Je sentais qu'une telle existence ne pouvait avoir de sens que pour des hommes et pour un monde voués au malheur. Un jour, une clarté se fit dans ma tête et je décidai aussitôt de me débarrasser des préoccupations que j'avais en commun avec elle. Cette liquidation inattendue avait le même côté risible que le reste de ma vie...

Sous le coup de cette décision, pris d'hilarité, je suis parti à pied de chez moi. J'échouai, après une longue marche, à la terrasse du café de Flore. Je me suis assis à la table de gens que je connaissais mal. J'avais l'impression d'être importun, mais je ne m'en allais pas. Les autres parlaient, avec le plus grand sérieux, de chaque chose qui était arrivée et dont il était *utile* d'être informé: ils me paraissaient tous d'une réalité précaire et le crâne vide. Je les écoutai pendant une heure sans dire plus de quelques mots. Je suis allé ensuite boulevard du Montparnasse, dans un restaurant à main droite de la gare: je mangeai là, à la terrasse, les meilleures choses que je pouvais demander et je commençai à boire du vin rouge, beaucoup trop. A la fin du repas, il était très tard, mais un couple arriva que formaient la mère et le fils. La mère n'était pas âgée, encore séduisante et mince, elle avait une désinvolture charmante: cela n'avait pas d'intérêt mais, comme je songeais à Lazare, elle me sembla d'autant plus agréable à voir qu'elle semblait riche. Son fils était devant elle, très jeune, à peu près muet, vêtu d'un somptueux complet de flanelle grise. Je demandai du café et commençai à fumer. Je fus déconcerté d'entendre un cri de douleur violent, prolongé comme un râle: un chat venait de se jeter à la gorge d'un autre, au pied des arbustes qui formaient la bordure de terrasse et précisément sous la table des deux dîneurs que je regardais. La jeune mère debout poussa un cri aigu: elle devint pâle. Elle comprit vite qu'il s'agissait de chats et non d'êtres humains, elle se mit à rire (elle n'était pas risible, mais simple). Les serveuses et le patron vinrent à la terrasse. Ils riaient en disant qu'il s'agissait d'un chat connu pour être agressif entre les autres. Je riais moi-même avec eux.

Ensuite je quittai le restaurant, croyant être de bonne humeur, mais, marchant dans une rue déserte, ne sachant où aller, je commençai à sangloter. Je ne pouvais pas m'arrêter de sangloter: j'ai marché si longtemps que j'arrivai très loin, dans la rue où j'habite. A ce moment, je pleurais encore. Devant moi, trois jeunes filles et deux garçons bruyants riaient aux éclats: les filles n'étaient pas jolies, mais, sans nul doute, légères et excitées. Je cessai de pleurer et je les suivis lentement jusqu'à ma porte: le tumulte m'excita à tel point qu'au lieu d'entrer chez moi, je revins délibérément sur mes pas. J'arrêtai un taxi et me fis conduire au bal Tabarin. Au moment même où j'entrai, une quantité de danseuses à peu près nues étaient sur la piste: plusieurs d'entre elles étaient jolies et fraîches. Je m'étais fait installer au bord de la piste (j'avais refusé toute autre place), mais la salle était comble et le plancher, sur lequel ma chaise se trouvait, était surélevé: cette chaise était ainsi en porte-à-faux: j'avais le sentiment que, d'un instant à l'autre, je pouvais perdre l'équilibre et m'étaler au milieu des filles nues qui dansaient. J'étais rouge, il faisait très chaud, je devais éponger avec un mouchoir déjà mouillé la sueur sur ma figure et il était difficile de déplacer mon verre d'alcool de la table à ma bouche. Dans cette ridicule situation, mon existence en équilibre instable sur une chaise devenait la personnification du malheur: au contraire, les danseuses sur la piste inondée de lumière étaient l'image d'un bonheur inaccessible.

L'une des danseuses était plus élancée et plus belle que les autres: elle arrivait avec un sourire de déesse, vêtue d'une robe de soirée qui la rendait majestueuse. A la fin de la danse, elle était entièrement nue, mais, à ce moment, d'une élégance et d'une délicatesse peu croyables: la lueur mauve des projecteurs faisait de son long corps nacré une merveille d'une pâleur spectrale. Je regardais son derrière nu avec le ravissement d'un petit garçon: comme si, de toute ma vie, je n'avais rien vu d'aussi pur, rien d'aussi peu *réel*, tant il était joli. La seconde fois que le jeu de la robe dégrafée se produisit, il me coupa le souffle à tel point que je me retins à ma chaise, vidé. Je quittai la salle. J'errai d'un café à une rue, d'une rue à un autobus de nuit; sans en avoir eu l'intention, je descendis de l'autobus, et j'entrai au Sphynx. Je désirais l'une après l'autre les filles offertes en cette salle à tout venant; je n'avais pas l'idée de monter dans une chambre: une lumière irréelle n'avait pas cessé de m'égarer. Ensuite, j'allai au Dôme et j'étais de plus en plus affaissé. Je mangeai une saucisse grillée en buvant du champagne doux. C'était réconfortant mais bien mauvais. A cette heure tardive, dans cet endroit avilissant, il restait un petit nombre de gens, des hommes moralement grossiers, des femmes âgées et laides. J'entrai ensuite dans un bar où une femme vulgaire, à peine jolie, était assise sur un tabouret à chuchoter avec le barman en râlant. J'arrêtai un taxi et, cette fois, je me fis conduire chez moi. Il était plus de quatre heures du matin, mais, au lieu de me coucher et de dormir, je tapai un rapport à la machine, toutes portes ouvertes.

Ma belle-mère, installée chez moi par complaisance (elle s'occupait de la maison en l'absence de ma femme), se réveilla. Elle m'appela de son lit et cria d'un bout à l'autre de l'appartement à travers sa porte:

— Henri... Edith a téléphoné de Brighton vers onze heures; vous savez qu'elle a été très déçue de ne pas vous trouver.

J'avais en effet dans ma poche, depuis la veille, une lettre d'Edith. Elle me disait qu'elle téléphonerait ce soir-là après dix heures, et il fallait que je sois un lâche pour l'avoir oublié. Encore même étais-je reparti quand je m'étais trouvé devant ma porte! Je ne pouvais rien imaginer de plus odieux. Ma femme, que j'avais honteusement délaissée, me téléphonait d'Angleterre, par inquiétude; pendant ce temps, l'oubliant, je traînais ma déchéance et mon hébétude dans des endroits détestables. Tout était faux, jusqu'à ma souffrance. J'ai recommencé à pleurer tant que je pus: mes sanglots n'avaient ni queue ni tête.

Le vide continuait. Un idiot qui s'alcoolise et qui pleure, je devenais cela risiblement. Pour échapper au sentiment d'être un déchet oublié le seul remède était de boire alcool sur alcool. J'avais l'espoir de venir à bout de ma santé, peut-être même à bout d'une vie sans raison d'être. J'imaginai que l'alcool me tuerait, mais je n'avais pas d'idée précise. Je continuerais peut-être à boire, alors je mourrais; ou je ne boirais plus... Pour l'instant, rien n'avait d'importance.

2

Je sortis passablement saoul d'un taxi devant chez Francis. Sans rien dire, j'allai m'asseoir à une table à côté de quelques amis que j'étais venu retrouver. La compagnie était bonne pour moi, la compagnie m'éloignait de la mégalomanie. Je n'étais pas le seul à avoir bu. Nous sommes allés dîner dans un restaurant de chauffeurs: il y avait seulement trois femmes. La table fut bientôt couverte d'une quantité de bouteilles de vin rouge vides ou à moitié vides.

Ma voisine s'appelait Xénie. A la fin du repas, elle me dit qu'elle revenait de la campagne et que, dans la maison où elle avait passé la nuit, elle avait vu aux cabinets un vase de nuit plein d'un liquide blanchâtre au milieu duquel une mouche se noyait: elle en parlait sous prétexte que je mangeais un cœur à la crème et que la couleur du lait la dégoûtait. Elle mangeait du boudin et buvait tout le vin rouge que je lui versais. Elle avalait les morceaux de boudin comme une fille de ferme, mais c'était une affectation. C'était simplement une fille désœuvrée et trop riche. Je vis devant son assiette une revue d'avant-garde à couverture verte qu'elle traînait avec elle. Je l'ouvris et je tombai sur une phrase dans laquelle un curé de campagne retirait un cœur du fumier au bout d'une fourche. J'étais de plus en plus ivre et l'image de la mouche noyée dans un vase de nuit s'associait au visage de Xénie. Xénie était pâle, elle avait dans le cou de vilaines touffes de cheveux, des pattes de mouche. Ses gants de peau blanche étaient immaculés sur la nappe de papier à côté des miettes de pain et des taches de vin rouge. La table parlait à tue-tête. Je cachai une fourchette dans ma main droite, j'allongeai doucement cette main sur la cuisse de Xénie.

A ce moment, j'avais une voix chevrotante d'ivrogne, mais c'était en partie une comédie. Je lui dis:
— Tu as le cœur frais...
Je me suis mis à rire tout à coup. Je venais de penser (comme si cela avait eu quoi que ce soit de risible): un cœur à la crème... Je commençais à avoir envie de vomir.
Elle était apparemment déprimée, mais elle répondit sans mauvaise humeur, conciliante:
— Je vais vous décevoir, mais c'est vrai: je n'ai pas encore beaucoup bu et je ne voudrais pas mentir pour vous amuser.
— Alors... ai-je dit.
A travers la robe, j'enfonçai brutalement les dents de la fourchette dans la cuisse. Elle poussa un cri et dans le mouvement désordonné qu'elle fit pour m'échapper, elle renversa deux verres de vin rouge. Elle recula sa chaise et dut relever sa robe pour voir la blessure. Le linge était joli, la nudité des cuisses me plut; l'une des dents, plus pointue, avait traversé la peau et le sang coulait, mais c'était une blessure insignifiante. Je me précipitai: elle n'eut pas le temps de

m'empêcher de coller mes deux lèvres à même la cuisse et d'avaler la petite quantité de sang que je venais de faire couler. Les autres regardaient, un peu surpris, avec un rire embarrassé... Mais ils virent que Xénie, si pâle qu'elle soit, pleurait avec modération. Elle était plus ivre qu'elle n'avait cru: elle continua de pleurer mais sur mon bras. Alors je remplis son verre renversé de vin rouge et la fis boire.

L'un d'entre nous paya; puis la somme fut répartie, mais j'exigeai de payer pour Xénie (comme si j'avais voulu en prendre possession); il fut question d'aller chez Fred Payne. Tout le monde s'entassa dans deux voitures. La chaleur de la petite salle était étouffante; je dansai une fois avec Xénie, puis avec des femmes que je n'avais jamais vues. J'allai prendre l'air devant la porte, entraînant tantôt l'un, tantôt l'autre — une fois même, ce fut Xénie — à boire des whiskies aux zincs voisins. Je rentrais, de temps à autre, dans la salle; à la fin je m'installai, adossé au mur, devant la porte. J'étais ivre. Je dévisageais les passants. Je ne sais pourquoi l'un de mes amis avait retiré sa ceinture et la tenait à la main. Je la lui demandai. Je la doublai et je m'amusai à la brandir devant les femmes comme si j'allais les frapper. Il faisait sombre, je n'y voyais plus rien et ne comprenais plus; si les femmes passaient avec des hommes, elles affectaient de ne rien voir. Il arriva deux filles et l'une d'elles, devant cette ceinture élevée comme une menace, me fit face, m'insultant, me crachant son mépris à la figure: elle était réellement jolie, blonde, le visage dur et racé. Elle me tourna le dos avec dégoût et passa le seuil de chez Fred Payne. Je la suivis au milieu des buveurs pressés autour du bar.

— Pourquoi m'en voulez-vous? lui ai-je dit, lui montrant la ceinture, j'ai voulu rire. Prenez un verre avec moi. Elle riait maintenant, me regardant en face.

— Bon, fit-elle.

Comme si elle ne voulait pas être en reste avec ce garçon ivre qui lui montrait stupidement une ceinture, elle ajouta:

— Tenez.

Elle avait dans la main une femme nue de cire souple; le bas de la poupée était entouré d'un papier; avec attention elle imprimait au buste un mouvement si subtil: on ne pouvait rien voir de plus indécent. Elle était certainement allemande, très décolorée, l'allure rogue et provocante: je dansai avec elle et lui dis je ne sais quelles sottises. Sans prétexte, elle s'arrêta au milieu de la danse, elle prit un air grave et me regarda fixement. Elle était pleine d'insolence.

— Regardez, dit-elle.

Et elle releva sa robe plus haut que les bas: la jambe, les jarretières fleuries, les bas, le linge, tout était luxueux; de son doigt elle désignait la chair nue. Elle continua de danser avec moi et je vis qu'elle avait gardé dans la main la minable poupée de cire: on vend de tels colifichets à l'entrée des music-halls, le vendeur ânonne une kyrielle de formules, ainsi: « sensationnelle au toucher »... La cire était douce: elle avait la souplesse et la fraîcheur de la chair. Elle la brandit encore une fois après m'avoir quitté et, dansant elle seule une rumba devant le pianiste nègre, elle lui imprimait une ondulation provocante, analogue à celle de sa danse : le nègre l'accompagnait au piano, riant à pleine gorge ; elle dansait bien, autour d'elle les gens s'étaient mis à frapper dans leurs mains. Alors elle sortit la poupée du cornet de papier et la jeta sur le piano en éclatant de rire : l'objet tomba sur le bois du piano avec un petit bruit de corps qui s'étale ; en effet, ses jambes s'étalèrent, mais elle avait les pieds coupés. Les petits mollets roses tronqués, les jambes ouvertes, étaient crispants, en même temps séduisants. Je trouvai un couteau sur une table et coupai une tranche de mollet rose. Ma compagne provisoire s'empara du morceau et le mit dans ma bouche : il avait un horrible goût de bougie amère. Je le crachai par terre, écœuré. Je n'étais pas entièrement ivre ; j'appréhendai ce qui arriverait si je suivais cette fille dans une chambre d'hôtel (il me restait bien peu d'argent, je n'en pouvais sortir que les poches vides, encore devrais-je me laisser insulter, accabler de mépris).

La fille me vit parler à Xénie et à d'autres ; elle pensa sans doute que je devrais rester avec eux et que je ne pourrais pas coucher avec elle : brusquement, elle me dit au revoir et disparut. Peu après, mes amis quittèrent Fred Payne et je les suivis : nous avons été boire et manger chez Graff. Je restais sans rien dire à ma place, sans penser à rien, je commençais à devenir malade. J'allai au lavabo sous prétexte que j'avais les mains sales et que j'étais dépeigné. Je ne sais pas ce que j'ai fait: un peu plus tard, je dormais à moitié quand j'entendis appeler « Troppmann ». J'étais déculotté, assis sur la cuvette. Je remontai mon pantalon, je sortis et mon ami qui m'avait appelé me dit que j'avais disparu depuis trois quarts d'heure. J'allai m'asseoir à la table des autres, mais, peu après, ils me conseillèrent de retourner aux toilettes: j'étais très pâle. J'y retournai, je passai un assez long temps à vomir. Ensuite, tout le monde disait qu'il fallait rentrer (il était déjà quatre heures). On me reconduisit chez moi dans le spider d'une voiture.

Le lendemain (c'était dimanche), j'étais encore malade et la journée se passa dans une léthargie odieuse, comme s'il ne restait plus de ressources à utiliser pour continuer de vivre: je me suis habillé vers trois heures avec l'idée d'aller voir quelques personnes et j'essayai, sans y réussir, de ressembler à un homme en état normal. Je rentrai me coucher de bonne heure: j'avais la fièvre et mal à l'intérieur du nez comme cela se produit après de longs vomissements; de plus, j'avais eu mes vêtements trempés de pluie et j'avais pris froid.

3

Je m'endormis d'un sommeil maladif. Toute la nuit, des cauchemars ou des rêves pénibles se succédèrent, achevant de m'épuiser. Je me réveillai, plus malade que jamais. Je me rappelai ce que je venais de rêver: je me trouvais, à l'entrée d'une salle, devant un lit à colonnes et à baldaquin, une sorte de corbillard sans roues: ce lit, ou ce corbillard, était entouré d'un certain nombre d'hommes et de femmes, les mêmes, apparemment, que mes compagnons de la nuit précédente. La grande salle était sans doute une scène de théâtre, ces hommes et ces femmes étaient des acteurs, peut-être les metteurs en scène d'un spectacle si extraordinaire que l'attente me donnait de l'angoisse... Pour moi, j'étais à l'écart, en même temps à l'abri, dans une sorte de couloir nu et délabré, situé par rapport à la salle du lit comme les fauteuils des spectateurs le sont par rapport aux planches. L'attraction attendue devait être troublante et pleine d'un humour excessif: nous attendions l'apparition d'un vrai cadavre. Je remarquai à ce moment un cercueil allongé au milieu du lit à baldaquin: la planche supérieure du cercueil disparut en glissant sans bruit comme un rideau de théâtre ou comme un couvercle de boîte d'échecs, mais ce qui apparut n'était pas horrible. Le cadavre était un objet de forme indéfinissable, une cire rose d'une fraîcheur éclatante; cette cire rappelait la poupée aux pieds coupés de la fille blonde, rien de plus séduisant; cela répondait à l'état d'esprit sarcastique, silencieusement ravi, des assistants; un tour cruel et plaisant venait d'être joué, dont la victime demeurait inconnue. Peu après, l'objet rose, à la fois inquiétant et séduisant, s'agrandit dans des proportions considérables: il prit l'aspect d'un cadavre géant sculpté dans du marbre blanc veiné de rose ou d'ocre jaune. La tête de ce cadavre était un immense crâne de jument; son corps une arête de poisson ou une énorme mâchoire inférieure à demi édentée, étirée en ligne droite; ses jambes prolongeaient cette épine dorsale dans le même sens que celles d'un homme; elles n'avaient pas de pieds, c'étaient les tronçons longs et noueux des pattes d'un cheval. L'ensemble, hilarant et hideux, avait l'aspect d'une statue de marbre grecque, le crâne était couvert d'un casque militaire, juché au sommet de la même façon qu'un bonnet de paille sur une tête de cheval. Je ne savais plus personnellement si je devais être dans l'angoisse ou rire et il devint clair que, si je riais, cette statue, cette sorte de cadavre, était une plaisanterie brûlante. Mais, si je tremblais, elle se précipiterait sur moi pour me mettre en pièces. Je ne pus rien saisir: le cadavre couché devint une Minerve en robe, cuirassée, dressée et agressive sous un casque: cette Minerve était elle-même de marbre, mais elle s'agitait comme une folle. Elle continuait sur le mode violent la plaisanterie dont j'étais ravi, qui toutefois me laissait interloqué. Il y avait, dans le fond de la salle, une extrême hilarité, mais personne ne riait. La Minerve se mit à faire des moulinets avec un cimeterre de marbre: tout en elle était cadavérique: la forme arabe de son arme désignait le lieu où les choses se passaient: un cimetière aux monuments de marbre blanc, de marbre livide. Elle était géante. Impossible de savoir si j'avais à la prendre au sérieux: elle devint même plus équivoque. A ce moment, il n'était pas question que, de la salle où elle s'agitait, elle descendît dans la ruelle où j'étais installé craintivement. J'étais alors devenu petit et, quand elle m'aperçut, elle vit que j'avais peur. Et ma peur l'attirait: elle avait des mouvements d'une folie risible. Soudain, elle descendit et se précipita sur moi en faisant tournoyer son arme macabre avec une vigueur de plus en plus folle. C'était sur le point d'aboutir: j'étais paralysé d'horreur.

Je compris vite que, dans ce rêve, Dirty, devenue folle, en même temps morte, avait pris le vêtement et l'aspect de la statue du Commandeur et qu'ainsi, méconnaissable, elle se précipitait sur moi pour m'anéantir.

4

Avant de tomber tout à fait malade, ma vie était d'un bout à l'autre une hallucination maladive. J'étais éveillé, mais toutes choses passaient trop vite devant mes yeux, comme dans un mauvais rêve. Après la nuit passée chez Fred Payne, dans l'après-midi, je sortis dans l'espoir de rencontrer quelque ami qui m'aidât à rentrer dans la vie normale. L'idée me vint d'aller voir Lazare chez elle. Je me sentais très mal. Mais au lieu de ce que j'avais cherché, cette rencontre ressembla à un cauchemar, même plus déprimant que ce rêve, que je devais faire la nuit suivante.

C'était un après-midi de dimanche. Ce jour-là, il faisait chaud et il n'y avait pas d'air. Je trouvai Lazare dans l'appartement qu'elle habite rue de Turenne en compagnie d'un personnage tel que, l'apercevant, l'idée comique passa dans ma tête que j'aurais à conjurer le mauvais sort... C'était un homme très grand qui ressemblait de la façon la plus pénible à l'image populaire de Landru. Il avait de grands pieds, une jaquette gris clair, trop large pour son corps efflanqué. Le drap de cette jaquette était passé et roussi par endroits; son vieux pantalon lustré, plus sombre que la jaquette, descendait en tire-bouchon jusqu'à terre. Il était d'une politesse exquise. Il avait comme Landru une belle barbe châtain sale et son crâne était chauve. Il s'exprimait rapidement, en termes choisis.

Au moment où j'entrai dans la chambre, sa silhouette se détachait sur le fond du ciel nuageux: il était debout devant la fenêtre. C'était un être immense. Lazare me présenta à lui et le nommant me dit qu'il était son beau-père (il n'était pas, comme Lazare, de race juive; il avait dû épouser la mère en secondes noces). Il s'appelait Antoine Melou. Il était professeur de philosophie dans un lycée de province.

Quand la porte de la chambre se fut fermée derrière moi et que je dus m'asseoir, absolument comme si j'avais été pris au piège, devant ces deux personnages, je ressentis une fatigue et un mal au cœur plus gênants que jamais: je me représentais en même temps que, peu à peu, j'allais perdre contenance. Lazare m'avait parlé plusieurs fois de son beau-père, me disant que, d'un point de vue strictement intellectuel, c'était l'homme le plus subtil, le plus intelligent qu'elle ait rencontré. J'étais terriblement gêné de sa présence. J'étais alors malade, à demi dément, je ne me serais pas étonné si, au lieu de parler il avait ouvert la bouche grande: j'imaginais qu'il aurait laissé la bave couler dans sa barbe sans dire un mot...

Lazare était irritée par mon arrivée imprévue, mais il n'en allait pas de même du beau-père: sitôt les présentations faites (pendant lesquelles il était resté immobile, sans expression) à peine assis dans un fauteuil à demi brisé, il se mit à parler:

— Je suis intéressé, Monsieur, de vous mettre au fait d'une discussion qui, je l'avoue, me situe dans un abîme de perplexité...

De sa voix mesurée d'absente, Lazare tenta de l'arrêter:

— Ne pensez-vous pas, mon cher père, qu'une telle discussion est sans issue, et que... ce n'est pas la peine de fatiguer Troppmann. Il a l'air épuisé.

Je gardai la tête basse, les yeux fixés sur le plancher à mes pieds. Je dis:

— Ça ne fait rien. Expliquez toujours de quoi il s'agit, ça n'oblige pas...

Je parlais presque bas, sans conviction.

— Voici, reprit M. Melou, ma belle-fille vient de m'exposer le résultat de méditations ardues qui l'ont littéralement absorbée depuis quelques mois. La difficulté, d'ailleurs, ne me paraît pas résider dans les arguments très habiles et, à mon humble avis, convaincants, qu'elle utilise en vue de déceler l'impasse dans laquelle l'histoire est engagée par les événements qui se développent sous nos yeux...

La petite voix flûtée était modulée avec une élégance excessive. Je n'écoutais même pas: je savais déjà ce qu'il allait dire. J'étais accablé par sa barbe, par l'aspect sale de sa peau, par ses lèvres couleur de tripes qui articulaient si bien pendant que ses grandes mains s'élevaient dans le but d'accentuer les phrases. Je compris qu'il était tombé d'accord avec Lazare pour admettre l'effondrement des espoirs socialistes. Je pensai: les voilà propres, les deux zèbres, les espoirs socialistes effondrés... je suis bien malade...

M. Melou continuait, énonçant de sa voix professorale le « dilemme angoissant » posé au monde intellectuel en cette époque déplorable (c'était, selon lui, un malheur pour tout dépositaire de l'intelligence de vivre justement aujourd'hui). Il articula en plissant le front avec effort:

— Devons-nous nous ensevelir en silence? Devons-nous, au contraire, accorder notre concours aux dernières résistances des ouvriers, nous destinant de cette manière à une mort implacable et stérile?

Quelques instants, il demeura silencieux, fixant des yeux l'extrémité de sa main dressée.

— Louise, conclut-il, incline pour la solution héroïque. Je ne sais ce que vous pensez personnellement, Monsieur, des possibilités dévolues au mouvement d'émancipation ouvrière. Permettez-moi donc de poser ce problème... provisoirement (il me regarda sur ces mots avec un sourire fin; il s'arrêta longuement, il donnait l'impression d'un couturier qui, pour mieux juger de l'effet, recule un peu)... dans le vide, oui, c'est bien là ce qu'il faut dire, (il se prit les mains l'une dans l'autre et, très doucement, les frotta) dans le vide... Comme si nous nous trouvions devant les données d'un problème arbitraire. Nous sommes toujours en droit d'imaginer, indépendamment d'une donnée réelle, un rectangle ABCD... Enonçons, si vous voulez bien, dans le cas présent: soit la classe ouvrière inéluctablement destinée à périr...

J'écoutais cela: la classe ouvrière destinée à périr... J'étais beaucoup trop vague. Je ne songeai même pas à me lever, à partir en claquant la porte. Je regardais Lazare et j'étais abruti. Lazare était assise sur un autre fauteuil, l'air résigné et cependant attentif, la tête en avant, le menton dans la main, le coude sur le genou. Elle n'était guère moins sordide et plus sinistre que son beau-père. Elle ne bougea pas et l'interrompit:

— Sans doute voulez-vous dire « destinée à succomber politiquement »...

L'immense fantoche s'esclaffa. Il gloussait. Il concéda de bonne grâce:

— Evidemment! Je ne postule pas qu'ils périssent tous corporellement...

Je n'ai pu m'empêcher de dire:

— Que voulez-vous que ça me fasse?

— Je me suis peut-être mal exprimé, Monsieur.

Alors Lazare, d'un ton blasé:

— Vous l'excuserez de ne pas vous dire *camarade*, mais mon beau-père a pris l'habitude des discussions philosophiques... avec des confrères..

M. Melou était imperturbable. Il continua.
J'avais envie de pisser (j'agitais déjà les genoux):
— Nous nous trouvons, il faut le dire, en face d'un problème menu, exsangue, et tel qu'à première vue, il semble que sa substance se dérobe (il eut l'air désolé, une difficulté l'épuisait que lui seul pouvait voir, il esquissa un geste des mains) mais ses conséquences ne sauraient échapper à un esprit aussi caustique, aussi inquiet que le vôtre...
Je me tournai vers Lazare et lui dis:
— Vous m'excuserez, mais je dois vous demander de m'indiquer les cabinets...

Elle eut un moment d'hésitation, ne comprenant pas, puis elle se leva et m'indiqua la porte. Je pissai longuement, j'imaginai ensuite que je pourrais vomir et je m'épuisai en efforts inutiles, enfonçant deux doigts dans la gorge et toussant avec un bruit affreux. Cela me soulagea pourtant un peu, je rentrai dans la chambre où étaient les deux autres. Je restai debout, plutôt mal à l'aise, et, immédiatement, je dis:
— J'ai réfléchi à votre problème mais, tout d'abord, je poserai une question.
Leurs jeux de physionomie me firent savoir que — si interloqués qu'ils fussent — « mes deux amis » m'écouteraient attentivement:
— Je crois que j'ai la fièvre (je tendis en effet à Lazare ma main brûlante).
— Oui, me dit Lazare avec lassitude, vous devriez rentrer chez vous et vous coucher.

— Il y a tout de même une chose que je voudrais savoir: si la classe ouvrière est foutue, pourquoi êtes-vous communistes... ou socialistes?... comme vous voudrez...

Ils me regardèrent fixement. Puis ils se regardèrent l'un l'autre. Enfin Lazare répondit, je l'entendis à peine:

— Quoi qu'il arrive, nous devons être à côté des opprimés.

Je pensai: elle est chrétienne. Bien entendu!... et moi, je viens ici... J'étais hors de moi, je n'en pouvais plus de honte...

— Au nom de quoi « il faut »? Pour quoi faire?

— On peut toujours sauver son âme, fit Lazare.

Elle laissa tomber la phrase sans bouger, sans même lever les yeux. Elle me donna le sentiment d'une conviction inébranlable.

Je me sentais pâlir; j'avais, de nouveau, très mal au cœur... Pourtant, j'insistai:

— Mais vous, Monsieur?

— Oh..., fit M. Melou, les yeux perdus dans la contemplation de ses maigres doigts, je ne comprends que trop votre perplexité. Je suis perplexe moi-même, ter-ri-ble-ment perplexe... D'autant plus que... vous venez de dégager, en quelques mots, un aspect imprévu du problème... Oh, oh! (il sourit dans sa longue barbe) voilà qui est ter-ri-ble-ment intéressant. En effet, ma chère enfant, pourquoi sommes-nous encore socialistes... ou communistes?... Oui, pourquoi?...

Il parut s'abîmer dans une méditation imprévue. Il laissa peu à peu tomber, du haut de son immense buste, une petite tête longuement barbue. Je vis ses genoux anguleux. Après un silence gênant, il ouvrit d'interminables bras et, tristement, il les éleva:

— Les choses en arrivent là, nous ressemblons au paysan qui travaillerait sa terre pour l'orage. Il passerait devant ses champs, la tête basse.. Il saurait la grêle inévitable.

. . . .
. . . .
. . . .

— Alors... le moment approchant... il se tient devant sa récolte et, comme je le fais maintenant moi-même (sans transition, l'absurde, le risible personnage devint sublime, tout à coup sa voix fluette, sa voix suave avait pris quelque chose de glaçant) il élèvera pour rien ses bras vers le ciel... en attendant que la foudre le frappe... lui et ses bras..

Il laissa, sur ces mots, tomber ses propres bras. Il était devenu la parfaite image d'un désespoir affreux.

Je le compris. Si je ne m'en allais pas, je recommencerais à pleurer: moi-même, par contagion, j'eus un geste découragé, je suis parti, disant presque à voix basse:

— Au revoir, Lazare.

Puis, il passa dans ma voix une sympathie impossible:

— Au revoir, Monsieur.

Il pleuvait à verse, je n'avais ni chapeau ni manteau. J'imaginai que le chemin n'était pas long. Je marchai pendant presque une heure, incapable de m'arrêter, glacé par l'eau qui avait trempé mes cheveux et mes vêtements.

5

Le lendemain, cette échappée dans une réalité démente était sortie de ma mémoire. Je m'éveillai bouleversé. J'étais bouleversé par la peur que je venais d'éprouver en rêve, j'étais hagard, brûlant de fièvre... Je n'ai pas touché au petit déjeuner que déposa ma belle-mère à mon chevet. Mon envie de vomir durait. Elle n'avait pour ainsi dire pas cessé depuis l'avant-veille. J'envoyai chercher une bouteille de mauvais champagne. J'en bus un verre glacé: après quelques minutes, je me suis levé pour aller vomir. Après le vomissement, je me suis recouché, j'étais légèrement soulagé, mais la nausée ne tarda pas à revenir. J'étais pris de tremblements et de claquements de dents: j'étais évidemment malade, je souffrais d'une façon très mauvaise. Je retombai dans une sorte de sommeil affreux: toutes choses commencèrent à se décrocher, des choses obscures, hideuses, informes, qu'absolument il aurait fallu fixer; il n'y avait aucun moyen. Mon existence s'en allait en morceaux comme une matière pourrie... Le médecin vint, il m'examina des pieds à la tête. Il décida finalement de revenir avec un autre; à sa façon de parler, je compris que j'allais peut-être mourir (je souffrais affreusement, je sentais en moi quelque chose de coincé et j'éprouvais un violent besoin de répit: ainsi je n'avais pas la même envie de mourir que les autres jours). J'avais une grippe, compliquée de symptômes pulmonaires assez graves: inconsciemment, je m'étais exposé au froid la veille sous la pluie. Je passai trois jours dans un horrible état. A l'exception de ma belle-mère, de la bonne et des médecins, je ne vis personne. Le quatrième jour, j'allais plus mal, la fièvre n'était pas tombée. Ne me sachant pas malade, Xénie téléphona: je lui dis que je ne quittais pas la chambre et qu'elle pouvait venir me voir. Elle arriva un quart d'heure après. Elle était plus simple que je ne l'avais imaginé: elle était même très simple. Après les fantômes de la rue de Turenne, elle me paraissait humaine. J'ai fait porter une bouteille de vin blanc, lui expliquant avec peine que je prendrais plaisir à la regarder boire du vin — par goût pour elle et pour le vin — je ne pouvais boire que du bouillon de légumes, ou du jus d'orange. Elle ne fit aucune difficulté pour boire le vin. Je lui dis que, le soir où j'étais ivre, j'avais bu parce que je me sentais très malheureux.

Elle l'avait bien vu, disait-elle.

— Vous buviez comme si vous aviez voulu mourir. Le plus vite possible. J'aurais bien voulu... mais je n'aime pas empêcher de boire, et puis, moi aussi, j'avais bu.

Son bavardage m'épuisait. Cependant, il m'obligea de sortir un peu de la prostration. Je m'étonnais que la pauvre fille ait aussi bien compris, mais, pour moi, elle ne pouvait rien. Même en admettant que, plus tard, j'échappe à la maladie. Je lui pris la main, je l'attirai vers moi et la lui passai doucement sur ma joue pour que la pique la barbe rêche qui avait poussé depuis quatre jours.

Je lui dis en riant:

— Impossible d'embrasser un homme aussi mal rasé.

Elle attira ma main et l'embrassa longuement. Elle me surprit. Je ne sus pas quoi dire. Je cherchai à lui expliquer en riant — je parlais très bas comme les gens très malades: je souffrais de la gorge:

— Pourquoi m'embrasses-tu la main? Tu le sais bien. Je suis ignoble au fond.

J'aurais pleuré à l'idée qu'elle ne pouvait rien. Je ne pouvais rien surmonter.

Elle me répondit simplement:

— Je le sais. Tout le monde sait que vous avez une vie sexuelle anormale. Moi, j'ai pensé que vous étiez surtout très malheureux. Je suis très sotte, très rieuse. Je n'ai que des bêtises dans la tête, mais, depuis que je vous connais et que j'ai entendu parler de vos habitudes, j'ai pensé que les gens qui ont des habitudes ignobles... comme vous... c'est probablement qu'ils souffrent.

Je la regardais longuement. Elle me regardait également sans rien dire. Elle vit que, malgré moi, les larmes me coulaient des yeux. Elle n'était pas très belle mais touchante et simple: jamais je ne l'aurais pensée si vraiment simple. Je lui dis que je l'aimais bien, que, pour moi, tout devenait irréel: je n'étais peut-être pas ignoble — à tout prendre — mais j'étais un homme perdu. Il vaudrait mieux que je meure maintenant, comme je l'espérais. J'étais si épuisé par la fièvre, et par une si profonde horreur, que je ne pouvais rien lui expliquer; d'ailleurs, moi-même, je ne comprenais rien...

Elle me dit alors, avec une brusquerie presque folle:

— Je ne veux pas que vous mouriez. Je vous soignerai, moi. J'aurais tellement voulu vous aider à vivre...

J'essayai de lui faire entendre raison:

— Non. Tu ne peux rien pour moi, personne ne peut plus rien...

Je le lui dis avec une telle sincérité, avec un désespoir si évident, que nous sommes restés silencieux l'un et l'autre. Elle-même n'osa plus rien dire. A ce moment, sa présence m'était désagréable.

Après ce long silence, une idée se mit à m'agiter intérieurement, une idée stupide, haineuse, comme si, tout à coup, il y allait de la vie, ou plutôt, en l'occasion, de plus que la vie. Alors, brûlé de fièvre, je lui dis avec une exaspération démente:

— Ecoute-moi, Xénie — j'ai commencé à pérorer et j'étais hors de moi sans raison — tu t'es mêlée à l'agitation littéraire, tu as dû lire Sade, tu as dû trouver Sade formidable — comme les autres. Ceux qui admirent Sade sont des escrocs — entends-tu? — des escrocs...

Elle me regarda en silence, elle n'osait rien dire. Je continuai:

— Je m'énerve, je suis enragé, à bout de

force, les phrases m'échappent... Mais pourquoi ont-ils fait ça avec Sade?

Je criai presque:

— Est-ce qu'ils avaient mangé de la merde, oui ou non?

Je râlais si follement, tout à coup, que je pus me dresser et, de ma voix cassée, je m'égosillai en toussant:

— Les hommes sont des valets de chambre... S'il y en a un qui a l'air d'un maître, il y en a d'autres qui en crèvent de vanité... mais... ceux qui ne s'inclinent devant rien sont dans les prisons ou sous terre... et la prison ou la mort pour les uns... ça veut dire la servilité pour tous les autres...

Xénie appuya doucement la main sur mon front:

— Henri, je t'en supplie — elle devenait alors, penchée sur moi, une sorte de fée souffrante et la passion inattendue de sa voix presque basse me brûlait — arrête de parler... tu es trop fiévreux pour parler encore...

Bizarrement une détente succéda à mon excitation maladive: le son étrange et envahissant de sa voix m'avait empli d'une torpeur à demi heureuse. Je regardai Xénie assez longtemps, sans rien dire, en lui souriant: je vis qu'elle avait une robe de soie bleu marine et un col blanc, des bas clairs et des souliers blancs; son corps était élancé et paraissait joli sous cette robe; son visage était frais sous les cheveux noirs bien peignés. Je regrettais d'être si malade.

Je lui dis sans hypocrisie:

— Tu me plais beaucoup aujourd'hui. Je te trouve belle, Xénie. Quand tu m'as appelé *Henri* et que tu m'as dit *tu*, ça m'a semblé bon.

Elle sembla heureuse, folle de joie même, pourtant, folle d'inquiétude. Dans son trouble, elle se mit à genoux près de mon lit et elle m'embrassa le front; je lui mis la main dans les jambes sous la jupe... Je ne me sentais pas moins épuisé mais je ne souffrais plus. On frappa à la porte et la vieille bonne entra sans attendre une réponse: Xénie se releva, aussi vite qu'elle le put. Elle fit semblant de regarder un tableau, elle avait l'air d'une folle, même d'une idiote. La bonne, elle aussi, eut l'air d'une idiote: elle portait le thermomètre et une tasse de bouillon. J'étais déprimé par la stupidité de la vieille femme, rejeté dans la prostration. L'instant d'avant, les cuisses nues de Xénie étaient fraîches dans ma main, maintenant tout vacillait. Ma mémoire elle-même vacillait: la réalité était en morceaux. Rien ne restait plus que la fièvre, en moi la fièvre consumait la vie. J'introduisis le thermomètre moi-même, sans avoir le courage de demander à Xénie de tourner le dos. La vieille était partie. Bêtement, Xénie m'a regardé fouiller sous les couvertures, jusqu'au moment où le thermomètre entra. Je crois que la malheureuse eut envie de rire en me regardant, mais l'envie de rire acheva de la torturer. Elle eut l'air égaré: elle demeurait devant moi debout, décomposée, décoiffée, toute rouge; le trouble sexuel aussi était visible sur sa figure.

La fièvre avait augmenté depuis la veille. Je m'en moquais. Je souriais, mais, visiblement, mon sourire était malveillant. Il était même si pénible à voir que l'autre, près de moi ne savait plus quelle grimace faire. A son tour, ma belle-mère arriva voulant savoir ma fièvre: je lui racontai sans lui répondre que Xénie, qu'elle connaissait depuis longtemps, resterait là pour me soigner. Elle pouvait coucher dans la chambre d'Edith si elle voulait. Je le dis avec dégoût, puis recommençai à sourire méchamment, regardant les deux femmes.

Ma belle-mère me haïssait pour tout le mal que j'avais fait à sa fille; en outre, elle souffrait toutes les fois que les convenances étaient heurtées. Elle demanda:

— Vous ne voulez pas que je télégraphie à Edith de venir?

Je répondis de ma voix éraillée, avec l'indifférence d'un homme qui d'autant plus est maître de la situation qu'il est plus mal:

— Non. Je ne veux pas. Xénie peut coucher là si elle veut.

Debout, Xénie était presque tremblante. Elle serra la lèvre inférieure dans les dents pour ne pas pleurer. Ma belle-mère était ridicule. Elle avait le visage de circonstance. Ses yeux perdus s'affolaient d'agitation, ce qui allait bien mal avec sa démarche apathique. A la fin, Xénie balbutia qu'elle allait chercher ses affaires: elle quitta la chambre sans mot dire, sans jeter un regard sur moi, mais je compris qu'elle contenait ses sanglots.

Je dis en riant à ma belle-mère:
— Qu'elle s'en aille au diable, si elle veut.

Ma belle-mère se précipita pour accompagner Xénie à la porte. Je ne savais pas si Xénie avait ou non entendu.
J'étais le détritus que chacun piétine et ma propre méchanceté s'ajoutait à la méchanceté du sort. J'avais appelé le malheur sur ma tête et je crevais là; j'étais seul, j'étais lâche. J'avais interdit de prévenir Edith. A l'instant, je sentis un trou noir en moi, comprenant bien que jamais plus je ne pourrais la serrer contre ma poitrine. J'appelais mes petits enfants de toute ma tendresse: ils ne viendraient pas. Ma belle-mère et la vieille bonne étaient là près de moi: elles avaient bien la gueule, en effet, l'une et l'autre, à laver un cadavre et à lui ficeler la bouche pour l'empêcher de s'ouvrir risiblement. J'étais de plus en plus irritable; ma belle-mère me fit une piqûre de camphre, mais l'aiguille était émoussée, cette piqûre me fit très mal: ce n'était rien, mais il n'était rien non plus que je pusse attendre, sinon ces infâmes petites horreurs. Ensuite tout s'en irait, même la douleur, et la douleur était alors en moi ce qui restait d'une vie tumultueuse... Je pressentais quelque chose de vide, quelque chose de noir, quelque chose d'hostile, de géant... mais plus moi... Les médecins arrivèrent, je ne sortis pas de la prostration. Ils pouvaient écouter ou palper ce qu'ils voulaient. Je n'avais plus qu'à supporter la souffrance, le dégoût, l'abjection, qu'à supporter plus loin que je ne pouvais attendre. Ils ne dirent à

peu près rien; ils n'essayèrent même pas de m'arracher de vaines paroles. Le lendemain matin, ils reviendraient, mais je devais faire le nécessaire. Je devais télégraphier à ma femme. Je n'étais plus en état de refuser.

6

Le soleil entrait dans ma chambre, il éclairait directement la couverture rouge vif de mon lit, la fenêtre ouverte à deux battants. Ce matin-là, une actrice d'opérette chantait chez elle, ses fenêtres ouvertes, à tue-tête. Je reconnus, malgré la prostration, l'air d'Offenbach de la *Vie Parisienne*. Les phrases musicales roulaient et éclataient de bonheur dans sa jeune gorge. C'était:

> *Vous souvient-il ma belle*
> *D'un homme qui s'appelle*
> *Jean-Stanislas, baron de Frascata?*

Dans mon état, je croyais entendre une réponse ironique à une interrogation qui se précipitait dans ma tête, allant à la catastrophe. La jolie folle (je l'avais autrefois aperçue, je l'avais même désirée) continuait son chant, apparemment soulevée par une vive exultation:

> *En la saison dernière,*
> *Quelqu'un, sur ma prière,*
> *Dans un grand bal à vous me présenta!*
> *Je vous aimai, moi, cela va sans dire!*
> *M'aimâtes-vous? Je n'en crus jamais rien.*

Ecrivant aujourd'hui, une joie aiguë m'a

porté le sang à la tête, si folle que j'aimerais chanter moi aussi.

Ce jour-là, Xénie, qui avait résolu dans le désespoir que lui donna mon attitude, à venir passer du moins la nuit près de moi, allait entrer sans plus tarder dans cette chambre ensoleillée. J'entendais le bruit d'eau qu'elle faisait dans la salle de bains. La jeune fille n'avait peut-être pas compris mes derniers mots. Je n'en avais pas de regret. Je la préférais à ma belle-mère — du moins pouvais-je un instant me distraire à ses dépens... La pensée que, peut-être, je devrais lui demander le bassin m'arrêta: je me moquais de la dégoûter, mais j'avais honte de ma situation; en être réduit à faire ça dans mon lit par les services d'une jolie femme et la puanteur, je défaillais (à ce moment, la mort m'écœurait jusqu'à la peur; cependant, j'aurais dû en avoir envie). La veille au soir, Xénie était revenue avec une valise, j'avais fait une grimace, j'avais grogné sans desserrer les dents. J'avais fait semblant d'être à bout, au point de ne pouvoir articuler un mot. Exaspéré, j'avais même fini par lui répondre, en grimaçant avec moins de retenue. Elle n'en avait rien vu. D'un instant à l'autre, elle allait entrer: elle s'imaginait qu'il fallait les soins d'une amoureuse pour me sauver! Quand elle frappa, j'avais réussi à m'asseoir (il me semblait que, provisoirement, j'allais un peu moins mal). J'ai répondu: *Entrez!* d'une voix presque normale, même d'une voix un peu solennelle, comme si j'avais joué un rôle.

J'ajoutai en la voyant, moins haut, sur le ton tragi-comique de la déception:

— Non, ce n'est pas la mort... ce n'est que la pauvre Xénie...

La charmante fille regarda son amant prétendu avec des yeux ronds. Ne sachant que faire, elle tomba à genoux devant mon lit.

Elle s'écria doucement:

— Pourquoi es-tu si cruel? J'aurais tellement voulu t'aider à guérir.

— Je voudrais seulement, lui répondis-je avec une amabilité de convention, que, pour l'instant, tu m'aides à me raser.

— Tu vas te fatiguer peut-être? Ne peux-tu pas rester comme tu es?

— Non. Un mort mal rasé, ça n'est pas beau.

— Pourquoi veux-tu me faire mal. Tu ne vas pas mourir. Non. Tu ne peux pas mourir...

— Imagine ce que j'endure en attendant... Si chacun pensait à l'avance... Mais quand je serai mort, Xénie, tu pourras m'embrasser comme tu voudras, je ne souffrirai plus, je ne serai plus odieux. Je t'appartiendrai tout entier...

— Henri! tu me fais si affreusement mal que je ne sais plus lequel de nous deux est malade... Tu sais, ce n'est pas toi qui va mourir, j'en suis sûre, mais moi, tu m'as mis la mort dans la tête, comme si elle n'en devait jamais sortir.

Il se passa un peu de temps. Je devenais vaguement absent.

— Tu avais **raison**. Je suis trop fatigué pour

me raser seul, même aidé. Il faut téléphoner au coiffeur. Il ne faut pas te fâcher, Xénie, quand je dis que tu pourras m'embrasser... C'est comme si je parlais pour moi. Sais-tu que j'ai un goût vicieux pour les cadavres...

Xénie était restée à genoux, toujours à un pas de mon lit, l'air hagard et ainsi elle me regardait sourire.

A la fin, elle baissa la tête et me demanda à voix basse:

— Qu'est-ce que tu veux dire? Je t'en supplie, tu dois tout me dire à présent, parce que j'ai peur, j'ai très peur...

Je riais. J'allais lui raconter la même chose qu'à Lazare. Mais ce jour-là c'était plus étrange. Soudain, je pensai à mon rêve: dans un éblouissement, ce que j'avais aimé au cours de ma vie surgissait, comme un cimetière aux tombes blanches sous une lumière lunaire, sous une lumière spectrale: au fond, ce cimetière était un bordel; le marbre funéraire était vivant, il était *poilu* par endroits...

Je regardai Xénie. Je pensai avec une terreur d'enfant: *maternelle!* Xénie, visiblement, souffrait. Elle dit:

— Parle... maintenant... parle... j'ai peur, je deviens folle..

Je voulais parler et je ne pouvais pas. Je m'efforçai:

— Il faudrait alors que je te raconte toute ma vie.

— Non, parle... dis seulement quelque chose... mais ne me regarde plus sans rien dire.

— Quand ma mère est morte..

(Je n'avais plus la force de parler. Je me rappelais brusquement: à Lazare, j'avais eu peur de dire « ma mère », j'avais dit, dans ma honte: « une femme âgée ».)

— Ta mère?... parle...

— Elle était morte dans la journée. J'ai couché chez elle avec Edith.

— Ta femme?

— Ma femme. J'ai pleuré sans finir, en criant. J'ai... Dans la nuit, j'étais couché à côté d'Edith, qui dormait...

Une fois de plus, je n'avais plus la force de parler. J'avais pitié de moi, j'aurais, si j'avais pu, roulé par terre, j'aurais hurlé, crié au secours, j'avais, sur l'oreiller, le peu de souffle d'un agonisant... j'avais d'abord parlé à Dirty, puis à Lazare... à Xénie, j'aurais dû demander pitié, j'aurais dû me jeter à ses pieds... Je ne le pouvais pas, mais je la méprisais de tout mon cœur. Stupidement, elle continuait de gémir et de supplier.

— Parle... Aie pitié de moi... parle-moi...

— ...Les pieds nus, je m'avançais dans le couloir en tremblant... Je tremblais de peur et d'excitation devant le cadavre, à bout d'excitation... j'étais en transe... J'enlevai mon pyjama... je me suis... tu comprends...

Si malade que je suis, je souriais. A bout de nerfs, devant moi, Xénie baissait la tête. C'est à peine si elle bougea... mais, convulsivement, quelques secondes passèrent, qui n'en finissaient plus, elle céda, elle se laissa tomber et son corps inerte s'étala.

Je délirai et je pensai : elle est odieuse, le moment vient, j'irai jusqu'au bout. Je me glissai péniblement au bord du lit. Il me fallut un long effort. Je sortis un bras, j'attrapai le bas de sa jupe et je la retroussai. Elle poussa un cri terrible, mais sans bouger : elle eut un tremblement. Elle râlait, la joue à même le tapis, la bouche ouverte.

J'étais dément. Je lui dis :

— Tu es ici pour rendre ma mort plus sale. Déshabille-toi maintenant : ce sera comme si je crevais au bordel.

Xénie se redressa, appuyée sur les mains, elle retrouva sa voix brûlante et grave :

— Si tu continues cette comédie, me dit-elle, tu sais comment elle finira.

Elle se leva et, lentement, alla s'asseoir sur le rebord de la fenêtre : elle me regardait, sans trembler.

— Tu le vois, je vais me laisser aller... en arrière.

Elle commença, en effet, le mouvement qui, achevé, l'aurait basculée dans le vide.

Si odieux que je sois, ce mouvement me fit mal et il ajouta le vertige à tout ce qui déjà s'effondrait en moi. Je me dressai. J'étais oppressé, je lui dis :

— Reviens. Tu le sais bien. Si je ne t'aimais pas, je n'aurais pas été si cruel. J'ai peut-être voulu souffrir un peu plus.

Elle descendit sans hâte Elle paraissait absente, le visage flétri par la fatigue.

Je pensai: je vais lui raconter l'histoire de Krakatoa. Il y avait maintenant une fuite dans ma tête, tout ce que je pensais me fuyait. Je voulais dire une chose et, tout aussitôt, je n'avais rien à dire... La vieille bonne entra portant sur un plateau le petit déjeuner de Xénie. Elle le déposa sur une petite table à un pied. En même temps, elle me portait un grand verre de jus d'orange, mais j'avais les gencives et la langue enflammées, j'avais plus peur qu'envie de boire. Xénie versa pour elle le lait et le café. Je tenais mon verre à la main, voulant boire, je ne pouvais pas me décider. Elle vit que je m'impatientais. Je tenais un verre dans la main et je ne buvais pas. C'était un non-sens évident. Xénie, l'apercevant, voulut aussitôt me débarrasser. Elle se précipita, mais avec une telle gaucherie qu'elle renversa, en se levant, la table et le plateau: tout s'effondra dans un bruit de vaisselle cassée. Si, à ce moment, la pauvre fille avait disposé de la moindre réaction, elle aurait facilement sauté par la fenêtre. A chaque minute, sa présence à mon chevet devenait plus absurde. Elle sentait cette présence injustifiable. Elle se baissa, ramassa les morceaux épars et les disposa sur le plateau: de cette manière, elle pouvait dissimuler son visage et je ne voyais pas (mais je devinais) l'angoisse qui le décomposait. Enfin elle épongea le tapis inondé de café au lait, se servant d'une serviette de toilette. Je lui dis d'appeler la bonne, qui lui apporterait un autre déjeuner. Elle ne répondit pas, ne leva pas la tête. Je voyais qu'elle ne pouvait rien demander à la bonne, mais elle ne pouvait rester sans rien manger.

Je lui dis :
— Ouvre l'armoire. Tu verras une boîte de fer-blanc où il doit y avoir des gâteaux. Il doit y avoir une bouteille de champagne presque pleine. C'est tiède, mais si tu en veux...

Elle ouvrit l'armoire et, me tournant le dos, elle commença à manger des gâteaux, puis, comme elle avait soif, elle se servit un verre de champagne et l'avala vite ; elle mangea encore rapidement et se servit un second verre, enfin elle ferma l'armoire. Elle acheva de tout mettre en ordre. Elle était désemparée, ne sachant plus quoi faire. Je devais avoir une piqûre d'huile camphrée : je le lui dis. Elle alla préparer dans la salle de bains et demander le nécessaire à la cuisine. Après quelques minutes, elle revint avec une seringue pleine. Je me plaçai difficilement sur le ventre, et lui offris une fesse après avoir descendu le pantalon de mon pyjama. Elle ne savait pas s'y prendre, me dit-elle.

— Alors, lui dis-je, tu vas me faire mal. Il vaudrait mieux demander à ma belle-mère...

Sans plus attendre, elle enfonça résolument l'aiguille. Il était impossible de mieux s'y prendre. De plus en plus, la présence de cette fille qui m'avait mis l'aiguille dans la fesse me déconcertait. Je parvins à me retourner, non sans mal. Je n'avais pas la moindre pudeur; elle m'aida à remonter mon pantalon. Je souhaitais qu'elle continuât de boire. Je me sentais moins mal. Elle ferait mieux, lui dis-je, de prendre dans l'armoire un verre et la bouteille, de les garder à côté d'elle et de boire.

Elle dit simplement:

— Comme tu veux.

Je pensai: si elle continue, si elle boit, je lui dirai *couche-toi* et elle se couchera, *lèche la table* et elle la léchera... j'allais avoir une belle mort... il n'était rien qui ne me soit odieux: odieux profondément.

Je demandai à Xénie:

— Connais-tu une chanson qui commence par: *j'ai rêvé d'une fleur?*

— Oui. Pourquoi?

— Je voudrais que tu me la chantes. Je t'envie de pouvoir avaler même du mauvais champagne. Bois encore un peu. Il faut finir la bouteille.

— Comme tu veux.

Et elle but à longs traits.

Je continuai:

— Pourquoi tu ne chanterais pas?

— Pourquoi: *J'ai rêvé d'une fleur?*...

— Parce que...

— Alors. Ça ou autre chose...

— Tu vas chanter, n'est-ce pas? J'embrasse ta main. Tu es gentille.

Elle chanta, résignée. Elle était debout, les mains vides, elle avait les yeux rivés au tapis.

J'ai rêvé d'une fleur
Qui ne mourrait jamais.
J'ai rêvé d'un amour
Qui durerait toujours

Sa voix grave s'élevait avec beaucoup de cœur et hachait les derniers mots, pour finir, avec une lassitude angoissante:
Pourquoi faut-il, hélas, que sur la Terre
Le bonheur et les fleurs soient toujours
                              [éphémères.

. . . .

Je lui dis encore:
— Tu pourrais faire quelque chose pour moi.
— Je ferai ce que tu voudras.
— Cela aurait été beau si tu avais chanté nue devant moi.
— Chanté nue?
— Tu vas boire un peu plus. Tu fermeras la porte à clé. Je te laisserai une place près de moi, dans mon lit. Déshabille-toi maintenant.
— Mais ce n'est pas sensé.
— Tu me l'as dit. Tu fais ce que je veux.

Je la regardai sans plus rien dire, comme si je l'avais aimé. Elle but encore lentement. Elle me regardait. Ensuite elle enleva sa robe. Elle était d'une simplicité presque folle. Elle ôta sa chemise sans hésitation. Je lui dis de prendre, au fond de la pièce, dans le réduit où pendaient les vêtements, une robe de chambre de ma femme. Elle pourrait la passer rapidement s'il le fallait, s'il arrivait quelqu'un: elle garderait ses bas et ses chaussures; elle cacherait la robe et la chemise qu'elle venait de quitter.

Je dis encore:

— J'aurais voulu que tu chantes encore une fois. Ensuite, tu t'allongeras à côté de moi.

A la fin, j'étais troublé, d'autant qu'elle avait le corps plus joli et plus frais que la figure. Surtout elle était lourdement nue dans les bas.

Je lui dis encore, et cette fois très bas. Ce fut une sorte de supplication. Je me penchai vers elle. Je simulai l'amour brûlant dans ma voix qui tremblait.

— Par pitié, chante debout, chante à pleine gorge...

— Si tu veux, dit-elle.

Sa voix, dans sa gorge, se contractait tant l'amour et le sentiment d'être nue la troublaient. Les phrases de la chanson roucoulèrent dans la chambre et tout son corps sembla brûler. Un élan, un délire semblait la perdre et secouer sa tête ivre qui chantait. O démence! Elle pleurait lorsqu'elle s'avança follement nue vers mon lit — que je croyais un lit de mort. Elle tomba à genoux, elle tomba devant moi pour cacher ses larmes dans les draps.

Je lui dis:

— Allonge-toi près de moi et ne pleure plus...

Elle répondit:

— Je suis ivre.

La bouteille était vide sur la table. Elle se coucha. Elle avait toujours ses souliers. Elle s'étendit le derrière en l'air, enfonçant la tête dans le traversin. Qu'il était bizarre de lui dire à l'oreille avec une douceur brûlante qu'on ne trouve ordinairement que dans la nuit.

Je lui disais très bas:

— Ne pleure plus, mais j'avais besoin que tu sois folle, j'en avais besoin pour ne pas mourir.

— Tu ne mourras pas, tu dis vrai?

— Je ne veux plus mourir. Je veux vivre avec toi... Quand tu t'es mise sur le rebord de la fenêtre, j'ai eu peur de la mort. Je songe à la fenêtre vide... j'ai eu terriblement peur... toi... et puis moi... deux morts... et la chambre vide...

— Attends, je vais fermer la fenêtre, si tu veux.

— Non. C'est inutile. Reste à côté de moi, encore plus près... je veux sentir ton souffle.

Elle s'approcha de moi, mais sa bouche avait une odeur de vin.

Elle me dit:

— Tu es brûlant.

— Je me sens plus mal, ai-je repris, j'ai peur de mourir.. J'ai vécu obsédé par la peur de la mort et maintenant... je ne veux plus voir cette fenêtre ouverte, elle donne le vertige... c'est cela.

Xénie aussitôt se précipita.

— Tu peux la fermer, mais reviens... reviens vite...

Tout se troublait. Parfois, de la même façon, un sommeil irrésistible l'emporte. Inutile de parler. Déjà les phrases sont mortes, inertes, comme dans les rêves...

Je balbutiai:
— Il ne peut pas entrer...
— Qui donc, entrer?
— J'ai peur...
— De qui as-tu peur?
— ... De Frascata...
— Frascata?
— Mais non, je rêvais. Il y en a un autre...
— Ce n'est pas ta femme...
— Non. Edith ne peut pas arriver... il est trop tôt...
— Mais quel autre, Henri, de qui parlais-tu? Il faut me le dire... je m'affole... tu sais que j'ai trop bu...

Après un pénible silence, je prononçai:
— Personne n'arrive!

Soudain, une ombre tourmentée tomba du ciel ensoleillé. Elle s'agita en claquant dans le cadre de la fenêtre. Contracté, je me repliai sur moi-même en tremblant. C'était un long tapis lancé de l'étage supérieur: un court instant j'avais tremblé. Dans mon hébétude, je l'avais cru: celui que j'appelais le « Commandeur » était entré. Il venait toutes les fois que je l'invitais. Xénie elle-même avait eu peur. Elle avait, avec moi, l'appréhension d'une fenêtre où elle venait de s'asseoir avec l'idée de se jeter. Au moment de l'irruption du tapis, elle n'avait pas crié... elle s'était, contre moi, couchée en chien de fusil, elle était pâle, elle avait le regard d'une folle.

Je perdais pied.
— C'est trop noir...

... Xénie, le long de moi s'allongea... elle eut alors l'apparence d'une morte...elle était nue... elle avait des seins pâles de prostituée... un nuage de suie noircissait le ciel... il dérobait en moi le ciel et la lumière... un cadavre à côté de moi, j'allais mourir?

... Même cette comédie m'échappait.. c'était une comédie...

Histoire d'Antonio

1

Peu de semaines plus tard, j'avais même oublié d'avoir été malade. Je rencontrai Michel à Barcelone. Je me trouvai soudain devant lui. Assis à une table de la Criolla. Lazare lui avait dit que j'allais mourir. La phrase de Michel me rappelait un passé pénible.

Je commandai une bouteille de cognac. Je commençai à boire, emplissant le verre de Michel. Je ne tardai guère à devenir ivre. Je connaissais depuis longtemps l'attraction de la Criolla. Elle manquait de charme pour moi. Un garçon vêtu en fille faisait sur la piste un tour de danse: il portait une robe de soirée décolletée jusqu'aux fesses. Les coups de talon de la danse espagnole sonnaient sur le plancher...

Je ressentis un profond malaise. Je regardais Michel. Il n'avait pas l'habitude du vice. Michel était d'autant plus gauche qu'à son tour il devenait ivre: il était agité sur sa chaise.

J'étais excédé. Je lui dis:

— Je voudrais que Lazare te voie... dans un bouge!

Il m'arrêta, surpris:
— Mais Lazare venait souvent à la Criolla.

Je me suis tourné naïvement vers Michel, comme quelqu'un de déconcerté.

— Mais oui, l'an dernier, Lazare a séjourné

à Barcelone et elle passait souvent la nuit à la Criolla. Est-ce si extraordinaire?

La Criolla est en effet l'une des curiosités connues de Barcelone.

Je pensais néanmoins que Michel plaisantait. Je le lui dis: la plaisanterie était absurde, à la seule idée de Lazare, j'étais malade. Je sentais monter la colère insensée que je contenais.

Je criai, j'étais fou, j'avais pris la bouteille dans la main:

— Michel, si Lazare était devant moi, je la tuerais.

Une autre danseuse — un autre danseur — entra sur le plateau dans les éclats de rire et les cris. Il avait une perruque blonde. Il était beau, hideux, risible.

— Je veux la battre, la frapper...

C'était si absurde que Michel se leva. Il me prit par le bras. Il avait peur: je perdais toute mesure. Il était ivre, à son tour. Il eut l'air égaré, retombant sur sa chaise.

Je me calmai, regardant le danseur à la chevelure solaire.

— Lazare! Ce n'est pas elle qui s'est mal conduite, s'écria Michel. Elle m'a dit au contraire que tu l'avais violemment maltraitée, — en paroles...

— Elle te l'a dit.

— Mais elle ne t'en veut pas.

— Ne me dis plus qu'elle est venue à la Criolla. Lazare à la Criolla!...

— Elle est venue ici plusieurs fois, avec moi:

elle s'y est vivement intéressée. Elle ne voulait plus en partir. Elle devait être suffoquée. Jamais elle ne m'a parlé des sottises que tu lui as dites.

Je m'étais à peu près calmé:

— Je t'en parlerai une autre fois. Elle est venue me voir au moment où j'étais à la mort! Elle ne m'en veut pas?... Moi, je ne lui pardonnerai jamais. Jamais! tu m'entends? Enfin, me diras-tu ce qu'elle venait faire à la Criolla?... Lazare?...

Je ne pouvais imaginer Lazare assise où j'étais, devant un spectacle scandaleux. J'étais dans l'hébétude. J'avais le sentiment d'avoir oublié quelque chose — que j'aurais su l'instant d'avant, qu'absolument j'aurais dû retrouver. J'aurais voulu parler, plus entièrement, parler plus fort; j'avais conscience d'une parfaite impuissance. J'achevais de devenir ivre.

Michel, préoccupé, devenait plus gauche. Il était en sueur, malheureux. Plus il réfléchissait, plus il se sentait dépassé.

— J'ai voulu lui tordre un poignet, me dit-il.

— ...

— Un jour... ici-même...

J'étais sous pression, j'aurais éclaté.

Michel, au milieu du vacarme, s'esclaffa:

— Tu ne la connais pas! Elle me demandait de lui planter des épingles dans la peau! Tu ne la connais pas! Elle est intolérable...

— Pourquoi des épingles?

— Elle voulait s'entraîner...

Je criai:

— A quoi? s'entraîner?
Michel rit de plus belle.
— A endurer la torture...

Soudain, il reprit son sérieux, gauchement, comme il pouvait. Il eut l'air pressé, il eut l'air idiot. Il parlait aussitôt. Il enrageait:
— Il y a autre chose, que tu dois savoir, absolument. Tu le sais, Lazare envoûte ceux qui l'entendent. Elle leur semble hors de terre. Il y a des gens ici, des ouvriers, qu'elle mettait mal à l'aise. Ils l'admiraient. Puis, ils la rencontraient à la Criolla. Ici, à la Criolla, elle avait l'air d'une apparition. Ses amis, assis à la même table, étaient horrifiés. Ils ne pouvaient pas comprendre qu'elle soit là. Un jour, l'un d'entre eux, excédé, s'est mis à boire... Il était hors de lui; il a fait comme toi, il a commandé une bouteille. Il buvait coup sur coup. J'ai pensé qu'il coucherait avec elle. Certainement, il aurait pu la tuer, il aurait mieux aimé se faire tuer pour elle, mais jamais il ne lui aurait demandé de coucher avec lui. Elle le séduisait et jamais il n'aurait compris si j'avais parlé de sa laideur. Mais à ses yeux, Lazare était une sainte. Et même, elle devait le rester. C'était un très jeune mécanicien, qui s'appelait Antonio.

Je fis ce qu'avait fait le jeune ouvrier; je vidai mon verre et Michel, qui buvait rarement, s'était mis à ma mesure. Il entra dans un état d'extrême agitation. Moi, j'étais devant le vide, sous une lumière qui m'aveuglait, devant une extravagance qui nous dépassait.

Michel essuya la sueur de ses tempes. Il continua:

— Lazare était irritée de voir qu'il buvait. Elle l'a regardé dans les yeux et lui a dit: « Ce matin, je vous ai donné un papier à signer et vous avez signé sans lire. » Elle parlait sans la moindre ironie. Antonio a répondu: « Quelle importance? » Lazare a répliqué: « Mais si je vous avais donné à signer une profession de foi fasciste? » Antonio, à son tour, regarda Lazare, les yeux dans les yeux. Il était fasciné, mais hors de lui. Il a répondu posément: « Je vous tuerais. » Lazare lui dit: « Vous avez un revolver dans la poche? » Il répondit: « Oui. » Lazare dit: « Sortons. » Nous sommes sortis. Ils voulaient un témoin.

Je finissais par respirer mal. Je demandai à Michel, qui perdait son élan, de continuer sans attendre. De nouveau, il essuya la sueur de son front:

— Nous sommes allés au bord de la mer, à l'endroit où il y a des marches pour descendre. Le jour pointait. Nous marchions sans dire un mot. J'étais déconcerté, Antonio excité à froid, mais assommé par la boisson, Lazare absente, calme comme un mort!...

— Mais, c'était une plaisanterie?

— Ce n'était pas une plaisanterie. Je laissais faire. Je ne sais pourquoi j'étais angoissé. Au bord de la mer, Lazare et Antonio sont descendus sur les marches les plus basses. Lazare a demandé à Antonio de prendre en main son revolver et de mettre le canon sur sa poitrine.

111

— Antonio l'a fait?

— Il avait l'air absent, lui aussi; il a sorti un browning de sa poche, il l'a armé et il a placé le canon contre la poitrine de Lazare.

— Et alors?

— Lazare lui a demandé: « Vous ne tirez pas? » Il n'a rien répondu et il est resté deux minutes sans bouger. A la fin, il a dit « non » et il a retiré le revolver...

— C'est tout?

— Antonio avait l'air épuisé: il était pâle et, comme il faisait frais, il se mit à frissonner. Lazare a pris le revolver, elle a sorti la première cartouche. Cette cartouche était dans le canon quand elle l'avait sur la poitrine, ensuite elle a parlé à Antonio. Elle lui a dit: « Donnez-la-moi. » Elle voulait la garder en souvenir.

— Antonio la lui a donnée?

— Antonio lui a dit: « Comme vous voulez. » Elle a mis la cartouche dans son sac à main.

Michel se tut: il avait l'air plus mal à son aise que jamais. Je songeais à la mouche dans du lait. Il ne savait plus s'il devait rire ou éclater. Il ressemblait vraiment à la mouche dans du lait, ou encore au mauvais nageur qui avale de l'eau... Il ne supportait pas la boisson. A la fin, il était au bord des larmes. A travers la musique, il gesticulait bizarrement, comme s'il devait se débarrasser d'un insecte:

— Imaginerais-tu une histoire plus absurde? me dit-il encore.

La sueur, en coulant du front, avait commandé sa gesticulation.

2

L'histoire m'avait abasourdi.

Je pus demander encore à Michel — nous étions malgré tout lucides — comme si nous n'étions pas ivres, mais obligés d'avoir une attention désespérée:

— Tu peux me dire quel homme était Antonio?

Michel me désigna un garçon à une table voisine, me disant qu'il lui ressemblait.

— Antonio? il avait l'air emporté... Il y a quinze jours, on l'a arrêté: c'est un agitateur.

J'interrogeai encore aussi gravement que je pouvais:

— Peux-tu me dire ce qu'est la situation politique à Barcelone? Je ne sais rien.

— Tout va sauter...

— Pourquoi Lazare ne vient-elle pas?

— Nous l'attendons d'un jour à l'autre.

Lazare allait donc venir à Barcelone, afin de participer à l'agitation.

Mon état d'impuissance devint si pénible que, sans Michel, cette nuit aurait pu mal finir.

Michel avait lui-même la tête à l'envers, mais il réussit à me faire rasseoir. Je tentais, non sans difficulté, de me rappeler le ton de voix de Lazare, qui, un an plus tôt, avait occupé l'une de ces chaises.

Lazare parlait toujours de sang-froid, lentement, avec un ton de voix intérieur. Je riais en songeant à n'importe quelle phrase lente que j'avais entendue. J'aurais voulu être Antonio. Je l'aurais tuée... L'idée que, peut-être, j'aimais Lazare m'arracha un cri qui se perdit dans le tumulte. J'aurais pu me mordre moi-même. J'avais l'obsession du revolver — le besoin de tirer, de vider les balles... dans son ventre... dans sa... Comme si je tombais dans le vide avec des gestes absurdes, comme, en rêve, nous tirons des coups de feu impuissants.

Je n'en pouvais plus: je dus, pour me retrouver, faire un grand effort. Je dis à Michel:

— J'ai horreur de Lazare à tel point que j'en ai peur.

Devant moi, Michel avait l'air d'un malade. Il faisait lui-même un effort surhumain pour se tenir. Il se prit le front dans les mains, ne pouvant s'empêcher de rire à moitié:

— En effet, selon elle, tu lui avais manifesté une haine si violente... Elle-même en a eu peur. Moi aussi, je la hais.

— Tu la hais! Il y a deux mois, elle est venue me voir dans mon lit quand elle a cru que j'allais mourir. On l'a fait entrer; elle s'est avancée vers mon lit sur la pointe des pieds. Quand je l'ai vue au milieu de ma chambre, elle est restée sur la pointe des pieds, immobile: elle avait l'air d'un épouvantail immobile au milieu d'un champ...

Elle était, à trois pas, aussi pâle que si elle avait regardé un mort. Il y avait du soleil dans la chambre, mais elle, Lazare, elle était noire, elle était noire comme le sont les prisons. C'était la mort qui l'attirait, me comprends-tu? Quand soudain je l'ai vue, j'ai eu si peur que j'ai crié.

— Mais, elle?

— Elle n'a pas dit un mot, elle n'a pas bougé. Je l'ai injuriée. Je l'ai traitée de sale conne. Je l'ai traitée de curé. J'en suis même arrivé à lui dire que j'étais calme, de sang-froid, mais je tremblais de tous mes membres. Je bégayais, je perdais ma salive. Je lui ai dit que c'était pénible de mourir, mais de voir en mourant un être aussi abject, c'était trop. J'aurais voulu que mon bassin soit plein, je lui aurais lancé la merde à la figure.

— Qu'est-ce qu'elle a dit?

— Elle a dit à ma belle-mère qu'il valait mieux qu'elle s'en aille, sans élever la voix.

Je riais. Je riais. Je voyais double et je perdais la tête.

Michel, à son tour, s'esclaffa:

— Elle est partie?

— Elle est partie. J'ai mouillé mes draps de transpiration. J'ai cru mourir au moment même. Mais, à la fin de la journée, j'allais mieux, j'ai senti que j'étais sauvé... Comprends-moi bien, j'ai dû lui faire peur. Sinon, ne le penses-tu pas? je serais mort!

Michel était prostré, il se redressa: il souffrait mais, en même temps, il avait l'air qu'il aurait eu s'il venait d'assouvir sa vengeance; il délirait:

— Lazare aime les petits oiseaux: elle le dit,

115

mais elle ment. Elle ment, entends-tu? Elle a une odeur de tombe. Je le sais: je l'ai prise un jour dans mes bras...

Michel se leva. Il était blême. Il dit, avec une expression de stupidité profonde:

— Il vaut mieux que j'aille aux toilettes.

Je me levai moi-même. Michel s'éloigna pour aller vomir. Tous les cris de la Criolla dans la tête, j'étais debout, perdu dans la cohue. Je ne comprenais plus: eussé-je crié, personne ne m'aurait entendu, eussé-je crié, même à tue-tête. Je n'avais rien à dire. Je n'avais pas fini de m'égarer. Je riais. J'aurais aimé cracher à la figure des autres.

Le bleu du ciel

1

En me réveillant, la panique me prit — à l'idée de me trouver devant Lazare. Je me suis habillé rapidement pour aller télégraphier à Xénie de me rejoindre à Barcelone. Pourquoi avais-je quitté Paris sans avoir couché avec elle? Je l'avais supportée, assez mal, tout le temps que j'étais malade, pourtant, une femme qu'on n'aime guère est plus supportable si l'on fait l'amour avec elle. J'en avais assez de faire l'amour avec des prostituées.

J'avais peur de Lazare honteusement. Comme si j'avais eu des comptes à lui rendre. Je me souvenais du sentiment absurde que j'avais éprouvé à la Criolla. J'avais tellement peur à l'idée de la rencontrer que je n'avais plus de haine pour elle. Je me levai et m'habillai hâtivement pour télégraphier. Dans mon désespoir, j'avais été heureux pendant près d'un mois. Je sortais d'un cauchemar, maintenant le cauchemar me rattrapait.

J'expliquai à Xénie, dans mon télégramme, que je n'avais pas eu jusque-là d'adresse durable. Je souhaitais qu'elle vienne à Barcelone au plus vite.

J'avais rendez-vous avec Michel. Il avait l'air préoccupé. Je l'ai emmené déjeuner dans un petit restaurant du Parallelo, mais il mangea peu, il but encore moins. Je lui dis que je ne lisais pas les journaux. Il me répondit, non sans ironie, que la grève générale était prévue pour le lendemain. Je ferais mieux d'aller à Calella où je retrouverais des amis. Je tenais, au contraire, à rester à Barcelone où j'assisterais aux troubles, s'il y en avait. Je ne voulais pas m'en mêler, mais je disposais d'une voiture qu'un de mes amis, qui séjournait alors à Calella, m'avait prêtée pour une semaine. S'il avait besoin d'une voiture, je pouvais le conduire. Il éclata de rire, avec une franche hostilité. Il était sûr d'appartenir à un autre bord: il était sans argent, prêt à tout pour aider la révolution. Je pensai: dans une émeute, il sera, comme il est d'ordinaire, dans la lune, il se fera bêtement tuer. Toute l'affaire me déplaisait: en un sens, la révolution faisait partie du cauchemar dont j'avais cru sortir. Je ne me rappelais pas sans un sentiment de gêne la nuit passée à la Criolla. Michel lui-même. Cette nuit, je le suppose, le préoccupait, elle le préoccupait et l'accablait. Il trouva un ton indéfinissable — provoquant, angoissé — pour me dire à la fin que Lazare était arrivée la veille.

Devant Michel, et surtout, devant ses sourires — encore que la nouvelle m'eût déconcerté par sa brusquerie — j'étais en apparence indifférent. Rien ne pouvait faire, lui dis-je, que je sois un ouvrier du pays et non un riche Français en Catalogne pour son agrément. Mais une voiture pouvait être utile en certains cas, même en des circonstances risquées (je me le demandai aussitôt: je pourrais regretter cette proposition: je ne pouvais pas éviter de voir que je m'étais, de cette manière, jeté dans les pattes de Lazare; Lazare avait oublié ses désaccords avec Michel, elle n'aurait pas le même mépris pour un instrument utile, or il n'était rien qui, plus que Lazare, pût me faire trembler).

Je quittai Michel excédé. Je ne pouvais pas nier en moi-même que j'avais mauvaise conscience à l'égard des ouvriers. C'était insignifiant, insoutenable, mais j'étais d'autant plus déprimé que ma mauvaise conscience à l'égard de Lazare était du même ordre. Dans un tel moment, je le voyais, ma vie n'était pas justifiable. J'en avais honte. Je décidai de passer la fin de la journée et la nuit à Calella. Je n'avais plus envie, ce soir-là, de traîner dans les bas quartiers. J'étais incapable pourtant de rester dans ma chambre à l'hôtel.

Après une vingtaine de kilomètres dans la direction de Calella (à peu près la moitié du chemin), je changeai d'avis. Je pouvais avoir à mon hôtel une réponse télégraphique de Xénie.

Je revins à Barcelone. J'étais mal impressionné. Si les désordres commençaient, Xénie ne pourrait plus me rejoindre. Il n'y avait pas encore de réponse: j'envoyai un nouveau télégramme demandant à Xénie de partir le soir même sauf impossible. Je ne doutais plus que, si Michel utilisait ma voiture, je n'eusse toutes chances de me trouver devant Lazare. Je détestai la curiosité qui m'engageait à participer, de très loin, à la guerre civile. En fait d'être humain, décidément, j'étais injustifiable; surtout je m'agitais inutilement. Il était à peine cinq heures et le soleil était brûlant. Au milieu de la rue, j'aurais voulu parler aux autres; j'étais perdu au milieu d'une foule aveugle. Je ne me sentais ni moins stupide, ni moins impuissant qu'un enfant en bas âge. Je revins à l'hôtel; je n'avais toujours pas de réponse à mes télégrammes. Décidément, j'aurais voulu me mêler aux passants et parler, mais à la veille de l'insurrection, c'était impossible. J'aurais voulu savoir si l'agitation avait commencé dans les quartiers ouvriers. L'aspect de la ville n'était pas normal, mais je n'arrivais pas à prendre les choses au sérieux. Je ne savais quoi faire et je changeai d'avis deux ou trois fois. Je décidai finalement de rentrer à l'hôtel et de m'étendre sur mon lit: il y avait quelque chose de trop tendu, d'excité, pourtant de déprimé dans toute la ville. Je passai par la place de Catalogne. J'allais trop vite: un homme, probablement ivre, se mit tout à coup devant ma voiture. Je donnai un violent coup de frein et je pus l'éviter, mais j'avais ébranlé mes nerfs. Je suais à grosses gouttes. Un peu plus loin, sur la Rambla, je crus reconnaître Lazare en compagnie de M. Melou vêtu d'une jaquette grise et coiffé d'un canotier. L'appréhension me rendait malade (je le sus plus tard avec certitude, M. Melou n'était pas venu à Barcelone).

A l'hôtel, refusant l'ascenseur, je grimpai l'escalier. Je me suis jeté sur un lit. J'entendis le bruit de mon cœur sous mes os. Je sentis le battement des veines, pénible, à chaque tempe. Longtemps, je me perdis dans le tremblement de l'attente. Je me passai de l'eau sur la figure. J'avais très soif. Je téléphonai à l'hôtel où Michel était descendu. Il n'était pas là. Je demandai alors Paris. Il n'y avait personne dans l'appartement de Xénie. Je consultai un indicateur et je calculai qu'elle pouvait déjà être à la gare. J'essayai d'avoir mon appartement, qu'en l'absence de ma femme ma belle-mère continuait d'habiter provisoirement. Je pensais que ma femme pouvait être rentrée. Ma belle-mère répondit: Edith était restée en Angleterre avec les deux enfants. Elle me demanda si j'avais reçu un pneumatique qu'elle avait mis sous enveloppe, peu de jours auparavant: elle l'avait transmis par avion. Je me rappelai avoir oublié dans ma poche une lettre d'elle, qu'ayant reconnu l'écriture, je n'avais pas ouverte. J'affirmai que oui et je raccrochai, agacé d'avoir entendu une voix hostile.

L'enveloppe, chiffonnée dans ma poche, était vieille de plusieurs jours. Après l'avoir ouverte, je reconnus l'écriture de Dirty sur le pneumatique. Je doutais encore et je déchirai fébrilement la bande extérieure. Il faisait affreusement chaud dans la chambre: c'était comme si je ne devais jamais arriver à déchirer jusqu'au bout et je sentais la sueur ruisseler sur ma joue. Je vis cette phrase qui m'horrifia: « Je me traîne à tes pieds » (la lettre commençait ainsi, très bizarrement). Ce dont elle voulait que je la pardonne était d'avoir manqué du courage de se tuer. Elle était venue à Paris pour me revoir. Elle attendait que je l'appelle à son hôtel. Je me sentis très misérable: je me demandai un instant, j'avais de nouveau décroché l'appareil, si je trouverais même les mots. Je réussis à demander l'hôtel à Paris. L'attente me tua. Je regardai le pneumatique: il était daté du 30 septembre et nous étions le 4 octobre. Désespéré, je sanglotai. Après un quart d'heure, l'hôtel répondit que Mlle Dorothea S... était sortie (Dirty n'était que l'abréviation, provocante, de Dorothea): je donnai les indications nécessaires. Elle pouvait m'appeler dès qu'elle rentrerait. Je raccrochai: c'était plus que ma tête ne pouvait supporter.

J'avais l'obsession du vide. Il était neuf heures. En principe, Xénie était dans le train de Barcelone et, rapidement, se rapprochait de moi: j'imaginai la vitesse du train brillant de lumières dans la nuit se rapprochant de moi dans un bruit terrible. Je crus voir passer une souris, peut-être un cafard, quelque chose de noir, sur le plancher de la chambre, entre mes jambes. C'était sans doute une illusion causée par la fatigue. J'avais une sorte de vertige. J'étais paralysé, ne pouvant bouger de l'hôtel dans l'attente du téléphone: je ne pouvais rien éviter; la moindre initiative m'était retirée. Je descendis dîner dans la salle à manger de l'hôtel. Je me levai chaque fois que j'entendais le téléphone. Je craignais que, par erreur, la téléphoniste appelât ma chambre. Je me fis donner l'indicateur et j'envoyai chercher des journaux. Je voulais les heures des trains qui vont de Barcelone à

Paris. J'avais peur qu'une grève générale m'empêchât d'aller à Paris. Je voulus lire les journaux de Barcelone, et je lisais mais ne comprenais pas ce que je lisais. Je pensai qu'au besoin, j'irais jusqu'à la frontière avec la voiture.

Je fus appelé à la fin du dîner: j'étais calme, mais je suppose que si l'on avait tiré un coup de revolver près de moi, je l'aurais à peine entendu. C'était Michel. Il me demandait de venir le rejoindre. Je lui dis que, pour l'instant, je ne le pouvais pas, à cause du coup de téléphone que j'attendais, mais que, s'il ne pouvait passer à mon hôtel, je le rejoindrais au cours de la nuit. Michel me donna l'adresse où le retrouver. Il voulait absolument me voir. Il parlait comme celui qu'on a chargé de donner des ordres, et qui tremble à l'idée d'oublier quelque chose. Il raccrocha. Je donnai un billet au standardiste et je retournai dans ma chambre où je m'étendis. Il faisait dans cette chambre une chaleur pénible. J'avalai un verre d'eau pris au lavabo: l'eau était tiède. Je retirai mon veston et ma chemise. Je vis mon torse nu dans la glace. Je m'étendis encore une fois sur mon lit. On frappa pour me porter un télégramme de Xénie: comme je l'avais imaginé, elle arriverait le lendemain par le rapide de midi. Je me lavai les dents. Je me frottai le corps avec une serviette mouillée. Je n'osais pas aller aux cabinets de peur de manquer l'appel du téléphone. Je voulus tromper l'attente en comptant jusqu'à cinq cents. Je n'allai pas jusqu'au bout. Je pensai que rien ne valait la peine de se mettre en un tel état d'angoisse. N'était-ce pas un non-sens criant? Depuis l'attente à Vienne, je n'avais rien connu de plus cruel. A dix heures et demie, le téléphone sonna: j'étais en communication avec l'hôtel où Dirty était descendue. Je demandai à lui parler personnellement. Je ne pouvais comprendre qu'elle me fît parler par un autre. La communication était mauvaise, mais je réussis à rester calme et à parler clairement. Comme si j'étais le seul être calme dans ce cauchemar. Elle n'avait pu téléphoner elle-même, parce qu'au moment où elle était rentrée, elle s'était immédiatement décidée à partir. Elle avait tout juste eu le temps de prendre le dernier train pour Marseille: elle irait de Marseille en avion jusqu'à Barcelone, où elle arriverait à deux heures dans l'après-midi. Elle n'avait pas eu le temps matériel, elle n'avait pu me prévenir elle-même. Pas un seul instant, je n'avais pensé revoir Dirty le lendemain, je n'avais pas pensé qu'elle pouvait prendre l'avion à Marseille. Je n'étais pas heureux mais presque hébété, assis sur mon lit. Je voulus me rappeler le visage de Dirty, l'expression trouble de son visage. Le souvenir que j'avais m'échappait. Je pensai qu'elle ressemblait à Lotte Lenia, mais, à son tour, le souvenir de Lotte Lenia m'échappait. Je me rappelai seulement Lotte Lenia dans *Mahagonny*: elle avait un tailleur noir d'allure masculine, une jupe très courte, un large canotier, des bas roulés au-dessus du genou. Elle était grande et mince, il me semblait aussi qu'elle était rousse. De toute façon, elle était fascinante. Mais l'expression du visage m'avait échappé. Assis sur le lit, j'étais vêtu d'un pantalon blanc, les pieds et le torse nus. Je cherchai à me rappeler la chanson de bordel de l'*Opéra de quat'sous*. Je ne pus retrouver les paroles allemandes, mais seulement les françaises. J'avais le souvenir, erroné, de Lotte Lenia la chantant. Ce souvenir vague me déchirait. Je me levai pieds nus et je chantai très bas mais déchiré:

> *Le navire de haut bord*
> *Cent canons au bâbord*
> *BOM-BAR-DE-RA le port...*

Je pensai: il y aura demain la révolution dans Barcelone... J'avais beau avoir trop chaud, j'étais transi...

J'allai vers la fenêtre ouverte. Il y avait du monde dans la rue. On sentait que la journée avait été brûlante de soleil. Il y avait plus de fraîcheur au dehors que dans la chambre. Il fallait que je sorte. Je passai une chemise, un veston, je me chaussai le plus vite possible, et je descendis dans la rue.

2

J'entrai dans un bar très éclairé où j'avalai rapidement une tasse de café: il était trop chaud, je me brûlai la bouche. J'avais tort, évidemment, de boire du café. J'allai prendre ma voiture pour me rendre où Michel m'avait demandé de venir le rejoindre. Je fis marcher mon klakson: Michel viendrait lui-même ouvrir la porte de l'immeuble.

Michel me fit attendre. Il me fit attendre à n'en plus finir. J'espérai finalement qu'il ne viendrait pas. Dès l'instant où ma voiture s'était arrêtée devant l'immeuble indiqué, j'avais eu la certitude de me trouver devant Lazare. Je pensai: Michel a beau me détester, il sait que je ferai comme lui, que j'oublierai les sentiments que Lazare m'inspire, pour peu que les circonstances le demandent. Il avait d'autant plus raison de le penser que, dans le fond, j'étais obsédé par Lazare; dans ma stupidité j'avais envie de la revoir; j'éprouvai alors un insurmontable besoin d'embrasser ma vie entière en un même temps: toute l'extravagance de ma vie.

Mais les choses se présentaient mal. Je serais réduit à m'asseoir dans un coin sans dire un mot: sans doute, dans une chambre pleine de monde, dans la situation d'un accusé, qui doit comparaître, mais que, par pitié, l'on oublie. A coup sûr, je n'aurais pas l'occasion d'exprimer mes sentiments à Lazare, elle penserait donc que je regrettais; que mes insultes étaient à mettre au compte de la maladie. Je pensai encore tout à coup: le monde serait plus supportable pour Lazare s'il m'arrivait malheur; elle doit sentir en moi le crime qui exige une réparation... Elle inclinera à me placer dans une mauvaise histoire; même en ayant conscience, elle pourra se dire qu'il vaut mieux exposer une vie aussi décevante que la mienne, plutôt que celle d'un ouvrier. Je m'imaginai tué, Dirty apprenant ma mort à l'hôtel. J'étais au volant de la voiture et je mis le pied sur le démarreur. Mais je n'osai pas appuyer. Je fis même, au contraire, marcher le klakson à plusieurs reprises, me contentant d'espérer que Michel ne viendrait pas. Au point où j'en étais, je devais aller au bout de chaque chose que le sort me proposait. Je me représentais malgré moi, avec une sorte d'admiration, la tranquillité et l'audace incontestable de Lazare. Je ne prenais plus l'affaire au sérieux. Elle n'avait pas de sens à mes yeux: Lazare s'entourait de gens comme Michel, incapables de viser, tirant comme on bâille. Et pourtant, elle avait l'esprit de décision et la fermeté d'un homme à la tête d'un mouvement. Je riais en pensant: tout au contraire, je n'ai su que perdre la tête. Je me rappelais ce que j'avais lu sur les terroristes. Depuis quelques semaines, ma vie m'avait éloigné de préoccupations analogues à celles des terroristes. Le pis, évidemment, serait d'aboutir au moment où je n'agirais plus selon mes passions, mais selon celles de Lazare. Dans la voiture, attendant Michel, j'adhérais au volant — comme une bête prise au piège. L'idée que *j'appartenais* à Lazare, qu'elle me possédait, m'étonnait... Je me souvenais: comme Lazare, j'avais été sale quand j'étais enfant. C'était un souvenir pénible. En particulier, je me rappelais ceci de déprimant. J'avais été pensionnaire dans un lycée. Je passais les heures d'études à m'ennuyer, je restais là, presque immobile, souvent la bouche ouverte. Un soir, à la lumière du gaz, j'avais levé mon pupitre devant moi. Personne ne pouvait me voir. J'avais saisi mon porte-plume, le tenant, dans le poing droit fermé, comme un couteau, je me donnai de grands coups de plume d'acier sur le dos de la main gauche et sur l'avant-bras. Pour voir... Pour voir, et encore: *Je voulais m'endurcir contre la douleur*. Je m'étais fait un certain nombre de blessures sales, moins rouges que noirâtres (à cause de l'encre). Ces petites blessures avaient la forme d'un croissant, qui avait en coupe la forme de la plume.

Je descendis de la voiture et ainsi je vis le ciel étoilé par-dessus ma tête. Après vingt années, l'enfant qui se frappait à coups de porte-plume attendait, debout sous le ciel, dans une rue étrangère, où jamais il n'était venu, il ne savait quoi d'impossible. Il y avait des étoiles, un nombre infini d'étoiles. C'était absurde, absurde à crier, mais d'une absurdité hostile. J'avais hâte que le jour, le soleil, se levât. Je pensais qu'au moment où les étoiles disparaîtraient, je serais certainement dans la rue. En principe, j'avais moins peur du ciel étoilé que de l'aube. Il me fallait attendre, attendre deux heures... Je me rappelai avoir vu passer, vers deux heures de l'après-midi, sous un beau soleil, à Paris — j'étais sur le pont du Carrousel — une camionnette de boucherie: les cous sans tête des moutons écorchés dépassaient des toiles et les blouses rayées bleu et blanc des bouchers éclataient de propreté: la camionnette allait lentement, en plein soleil. Quand j'étais enfant, j'aimais le soleil: je fermais les yeux et, à travers les paupières, il était rouge. Le soleil était terrible, il faisait songer à une explosion: était-il rien de plus solaire que le sang rouge coulant sur le pavé, comme si la lumière éclatait et tuait ? Dans cette nuit opaque, je m'étais rendu ivre de lumière; ainsi, de nouveau, Lazare n'était devant moi qu'un oiseau de mauvais augure, un oiseau sale et négligeable. Mes yeux ne se perdaient plus dans les étoiles qui luisaient au-dessus de moi réellement, mais dans le bleu du ciel de midi. Je les fermais pour me perdre dans ce bleu brillant: de gros insectes noirs en surgissaient comme des trombes en bourdonnant. De la même façon que surgirait, le lendemain, à l'heure éclatante du jour, tout d'abord point imperceptible, l'avion qui porterait Dorothea... J'ouvris les yeux, je revis les étoiles sur ma tête, mais je devenais fou de soleil et j'avais envie de rire: le lendemain, l'avion, si petit et si loin qu'il n'atténuerait en rien l'éclat du ciel, m'apparaîtrait semblable à un insecte bruyant et, comme il serait chargé, dans la cage vitrée, des rêves démesurés de Dirty, il serait dans les airs, à ma tête d'homme minuscule, debout sur le sol — au moment où en elle la douleur déchirerait plus profondément que l'habitude — ce qu'est une impossible, une adorable « mouche des cabinets ». J'avais ri et ce n'était plus seulement l'enfant triste aux coups de porte-plume, qui allait, dans cette nuit, le long des murs: j'avais ri *de la même façon* quand j'étais petit et que j'étais certain qu'un jour, *moi*, parce qu'une insolence heureuse me portait, je devrais tout renverser, de toute nécessité tout renverser.

3

Je ne comprenais plus comment j'avais pu avoir peur de Lazare. Si, au bout de quelques minutes d'attente, Michel ne venait pas, je m'en irais. J'étais assuré qu'il ne viendrait pas: j'attendais par excès de bonne conscience. Je n'étais pas loin de m'en aller, lorsque s'ouvrit la porte de l'immeuble. Michel vint à moi. Il avait, à vrai dire, un aspect d'homme qui vient de l'autre monde. Il avait la mine d'un égosillé... Je lui dis que j'allais m'en aller. Il me répondit que « là-haut », la discussion était si désordonnée, si bruyante, que personne ne s'entendait.

Je lui demandai:

— Lazare est là?

— Naturellement. C'est elle qui est la cause de tout... Il est inutile que tu montes. Je n'en peux plus... J'irai prendre un verre avec toi.

— Parlons d'autre chose?...

— Non. Je crois que je ne pourrais pas. Je vais te dire..

— C'est ça. Explique-toi.

Je n'avais que vaguement le désir de savoir: à ce moment, je trouvais Michel risible, à plus forte raison, ce qui s'agitait « là-haut ».

— Il s'agit d'un coup de main avec une cinquantaine de types, de vrais « pistoleros », tu sais... C'est sérieux. Lazare veut attaquer la prison.

— Quand ça? Si ce n'est pas demain, j'y vais. J'amènerai des armes. J'amènerai quatre hommes dans la voiture.

Michel cria:

— C'est ridicule.

— Ah!

J'éclatai de rire.

— Il ne faut pas attaquer la prison. C'est absurde.

Michel avait dit cela à tue-tête. Nous étions arrivés dans une rue passante. Je ne pus m'empêcher de lui dire:

— Ne crie pas si fort...

Je l'avais décontenancé. Il s'arrêta, regardant autour de lui. Il eut une expression d'angoisse. Michel n'était qu'un enfant, un hurluberlu.

Je lui dis en riant:

— C'est sans importance: tu parlais français...

Rassuré aussi vite qu'il avait pris peur, il se mit à son tour à rire. Mais dès lors il ne cria plus; même il perdit le ton méprisant qu'il avait pour me parler. Nous étions devant un café, où nous avons pris une table à l'écart.

Il s'expliqua:

— Tu vas comprendre pourquoi il ne faut pas attaquer la prison. Ça n'a pas d'intérêt. Si Lazare veut un coup de main à la prison, ce n'est pas parce que c'est utile, mais pour ses idées. Lazare a le dégoût de tout ce qui ressemble à la guerre, mais comme elle est folle, elle est malgré tout pour l'action directe, et elle veut tenter un coup de main. Moi, j'ai proposé d'attaquer un dépôt d'armes et elle ne veut pas en entendre parler parce que, suivant elle, c'est retomber dans la vieille confusion de la révolution et de la guerre! Tu ne connais pas les gens d'ici. Les gens d'ici sont merveilleux, mais ils sont marteaux: ils l'écoutent!...

— Tu ne m'as pas dit pourquoi il ne faut pas attaquer la prison.

Au fond, j'étais fasciné par l'idée d'une prison attaquée, et je trouvais bien que les ouvriers écoutent Lazare. D'un coup, l'horreur que m'inspirait Lazare était tombée. Je pensai: elle est macabre, mais elle est la seule qui comprenne: les ouvriers espagnols aussi comprennent la Révolution...

Michel continuait l'explication, parlant pour lui seul:

— C'est évident: la prison ne sert à rien. Ce qu'il faut d'abord, c'est trouver des armes. Il faut armer les ouvriers. Si le mouvement séparatiste ne met pas les armes dans les mains des ouvriers, quel sens a-t-il? La preuve, c'est que les dirigeants catalanistes sont fichus de rater leur coup, parce qu'ils tremblent à l'idée de mettre des armes dans les mains des ouvriers... C'est clair. Il faut d'abord attaquer un dépôt d'armes.

Une autre idée me vint: qu'ils déraillaient tous.

Je recommençais à penser à Dirty: pour mon compte, j'étais mort de fatigue, de nouveau angoissé.

Je demandai vaguement à Michel:

— Mais quel dépôt d'armes?

Il n'eut pas l'air d'entendre.

J'insistai: sur ce point, il ne savait rien, la question s'imposait, elle était même embarrassante, mais il n'était pas du pays.

— Lazare est-elle plus avancée?
— Oui. Elle a un plan de la prison.
— Veux-tu que nous parlions d'autre chose?

Michel me dit qu'il devait me quitter assez vite.

Il resta tranquille un moment sans dire un mot. Puis il reprit:

— Je pense que ça va mal tourner. La grève générale est prévue pour demain matin, mais chacun ira de son côté et tout le monde se fera bousiller par les gardes civils. Je finirai par croire que c'est Lazare qui a raison.

— Comment ça?
— Oui. Les ouvriers ne se mettront jamais ensemble et ils se feront battre.
— Le coup de main sur la prison est-il impossible?
— Est-ce que je sais, moi? Je ne suis pas militaire...

J'étais excédé. Il était deux heures du matin. Je proposai un rendez-vous à Michel dans un bar de la Rambla. Il viendrait quand les choses seraient plus claires et me dit qu'il y serait vers cinq heures. Je faillis lui dire qu'il avait tort de s'opposer au projet contre la prison, mais j'en avais assez. J'accompagnai Michel jusqu'à la porte où je l'avais attendu et où j'avais laissé la voiture. Nous n'avions plus rien à nous dire. J'étais content du moins de n'avoir pas rencontré Lazare.

4

J'allai aussitôt jusqu'à la Rambla. J'abandonnai la voiture. J'entrai dans le *barrio chino*. Je n'étais pas en quête de filles, mais le *barrio chino* était le seul moyen de tuer le temps, la nuit, pendant trois heures. A cette heure-là, je pouvais entendre chanter des andalous, des chanteurs de *cante rondo*. J'étais hors de moi, exaspéré, l'exaspération du *cante rondo* était la seule chose qui pût s'accorder à ma fièvre. J'entrai dans un cabaret misérable: au moment où j'entrai, une femme presque difforme, une femme blonde, avec une face de bouledogue, s'exhibait sur une petite estrade. Elle était presque nue: un mouchoir de couleur autour des reins ne dissimulait pas le sexe très noir. Elle chantait et dansait du ventre. J'étais à peine assis qu'une autre fille, non moins hideuse, vint à ma table. Je dus boire un verre avec elle. Il y avait beaucoup de monde, à peu près la même assistance qu'à la Criolla, mais plus sordide. Je fis semblant de ne pas savoir parler espagnol. Une seule fille était jolie et jeune. Elle me regarda. Sa curiosité ressemblait à une passion subite. Elle était entourée de monstres à têtes et à poitrines de matrone dans des châles crasseux. Un jeune garçon, presqu'un enfant, dans un maillot de marin, les cheveux ondulés et les joues fardées, s'approcha de la fille qui me regardait. Il avait un aspect farouche: il eut un geste obscène, éclata de rire, puis alla s'asseoir plus loin. Une femme voûtée, très vieille, couverte d'un mouchoir paysan, entra avec un panier. Un chanteur vint s'asseoir sur l'estrade avec un guitariste; après quelques mesures de la guitare, il se mit à chanter... de la manière la plus éteinte. A ce moment, j'aurais eu peur qu'il chantât, comme d'autres, en me déchirant de ses cris. La salle était grande: à l'une des extrémités un certain nombre de filles, assises en rang, attendaient les clients pour danser: elles danseraient avec les clients dès que les tours de chants seraient finis. Ces filles étaient à peu près jeunes, mais laides, habillées de robes misérables. Elles étaient maigres, mal nourries: les unes somnolaient, d'autres souriaient comme des sottes, d'autres, subitement, donnaient sur l'estrade de petits coups de talon précipités. elles poussaient alors un *olle* sans écho. L'une d'elles, vêtue d'une robe de toile bleu pâle, à demi passée, avait un visage maigre et blême sous la chevelure filasse: évidemment, elle mourrait avant quelques mois. J'avais besoin de ne plus m'occuper de moi, du moins pour l'instant, j'avais besoin de m'occuper des autres et de bien savoir que chacun, sous son propre crâne, était en vie. Je restai sans parler, peut-être une heure, à observer tous mes semblables dans la salle. Ensuite j'allai dans une autre boîte, au contraire pleine d'animation: un très jeune ouvrier en bleus tournoyait avec une fille en robe de soirée. La robe de soirée laissait passer les bretelles sales de la chemise, mais la fille était désirable. D'autres couples tournoyaient: je me décidai vite à m'en aller. Je n'aurais pu supporter plus longtemps une excitation quelconque.

Je retournai sur la Rambla, j'achetai des journaux illustrés et des cigarettes: il était à peine quatre heures. Assis à la terrasse d'un café, je tournais des pages de journaux sans rien en voir. Je m'efforçais de ne penser à rien. Je n'y arrivais pas. Une poussière vide de sens se soulevait en moi. J'aurais voulu me souvenir de ce qu'était réellement Dirty. Ce qui revenait vaguement à la mémoire était en moi quelque chose d'impossible, d'affreux, et surtout d'étranger. L'instant d'après, j'imaginais puérilement que j'irais manger avec elle dans un restaurant du port. Nous mangerions toutes sortes de choses fortes que j'aimais, ensuite nous irions à l'hôtel; elle dormirait et je resterais près du lit. J'étais si fatigué que je pensais en même temps à dormir auprès d'elle dans un fauteuil, ou même allongé comme elle sur le lit: une fois qu'elle serait arrivée, nous tomberions l'un et l'autre de sommeil; ce serait évidemment un mauvais sommeil. Il y avait aussi la grève générale: une grande chambre avec une bougie et rien à faire, les rues désertes, des bagarres. Michel ne tarderait plus à venir et je devrais m'en débarrasser au plus vite.

J'aurais voulu ne plus entendre parler de rien. J'avais envie de dormir. Ce qu'on pouvait me dire alors de plus urgent passerait à côté de mes oreilles. Je devais m'endormir, tout habillé, n'importe où. Je m'endormis sur ma chaise à plusieurs reprises. Que ferais-je quand Xénie arriverait. Un peu après six heures, Michel arriva, me disant que Lazare l'attendait sur la Rambla. Il ne pouvait pas s'asseoir. Ils n'avaient abouti à rien: il avait l'air aussi vague que moi. Il n'avait pas plus que moi envie de parler, il était endormi, abattu.

Je lui dis aussitôt:

— Je vais avec toi.

Le jour se levait: le ciel était pâle, il n'y avait plus d'étoiles. Des gens allaient et venaient, mais la Rambla avait quelque chose d'irréel: d'un bout à l'autre des platanes il n'y avait qu'un seul chant d'oiseau étourdissant: je n'avais jamais rien écouté d'aussi imprévu. J'aperçus Lazare qui marchait sous les arbres. Elle nous tournait le dos.

— Tu ne veux pas lui dire bonjour? me demanda Michel.

A ce moment, elle se retourna et revint vers nous, toujours dans des vêtements noirs. Je me demandai un instant si elle n'était pas l'être le plus humain que j'eusse jamais vu; c'était aussi un rat immonde qui m'approchait. Il ne fallait pas fuir et c'était facile. En effet, j'étais absent, j'étais profondément absent. Je dis seulement à Michel:

— Vous pouvez vous en aller tous les deux.

Michel eut l'air de ne pas comprendre. Je lui serrai la main, ajoutant, je savais où ils habitaient l'un et l'autre:

— Prenez la troisième rue à droite. Téléphone-moi demain soir, si tu peux.

Comme si Lazare et Michel, en même temps, avaient perdu même une ombre d'existence. Je n'avais plus une réalité véritable.

Lazare me regarda. Elle était aussi naturelle que possible. Je la regardai et je fis à Michel un signe de la main.

Ils s'en allèrent.

De mon côté, je me dirigeai vers mon hôtel. Il était à peu près six heures et demie. Je ne fermai pas les volets. Je m'endormis bientôt, mais d'un mauvais sommeil. J'avais la sensation qu'il faisait jour. Je rêvai que j'étais en Russie: je visitais, en touriste, l'une ou l'autre des capitales, plus probablement Léningrad. Je me promenais à l'intérieur d'une immense construction de fer et de vitres, qui ressemblait à la vieille *Galerie des Machines*. Il faisait à peine jour et les vitres poussiéreuses laissaient passer une lumière sale. L'espace vide était plus vaste et plus solennel que celui d'une cathédrale. Le sol était en terre battue. J'étais déprimé, absolument seul. J'accédai par un bas-côté à une série de petites salles où étaient conservés les souvenirs de la Révolution; ces salles ne formaient pas un véritable musée, mais les épisodes décisifs de la Révolution y avaient eu lieu. Elles avaient primitivement été consacrées à la vie noble et empreinte de solennité de la cour du tzar. Au cours de la guerre, des membres de la famille impériale avaient confié à un peintre français le soin de représenter sur les murs une

« biographie » de la France: celui-ci avait retracé dans le style austère et pompeux de Lebrun des scènes historiques vécues par le roi Louis XIV; au sommet de l'un des murs, une France drapée s'élevait, porteuse d'une grosse torchère. Elle paraissait issue d'un nuage ou d'un débris, elle-même déjà presque effacée, car le travail du peintre, vaguement esquissé par endroits, avait été interrompu par l'émeute: ainsi ces murs ressemblaient à une momie pompéïenne, saisie par une pluie de cendre en pleine vie, mais plus *morte* qu'aucune autre. Seuls le piétinement et les cris des émeutiers étaient suspendus dans cette salle, où la respiration était pénible, proche, tant la soudaineté terrifiante de la Révolution y était sensible, d'un spasme ou d'un hoquet.

La salle voisine était plus oppressante. Sur ses murs, il n'y avait plus trace de l'ancien régime. Le plancher était sale, le plâtre nu, mais le passage de la Révolution était marqué par de nombreuses inscriptions au charbon rédigées par les matelots ou par les ouvriers qui, mangeant et dormant dans cette salle, avaient tenu à rapporter dans leur langage grossier ou par des images, plus grossières, l'événement qui avait renversé l'ordre du monde, et qu'avaient suivi leurs yeux épuisés. Jamais je n'avais rien vu de plus crispant, rien de plus humain non plus. Je restais là, regardant les écritures grossières et maladroites: les larmes me venaient aux yeux. La passion révolutionnaire me montait lentement à la tête, elle s'exprimait tantôt par le mot

« fulguration », tantôt par le mot « terreur ».
Le nom de Lénine revenait souvent, dans ces
inscriptions tracées en noir, cependant semblables à des traces de sang: ce nom était étran-
gement altéré, il avait une forme féminine:
Lenova!

Je sortis de cette petite salle. J'entrai dans la
grande nef vitrée, sachant que, d'un instant à
l'autre, elle allait exploser: les autorités sovié-
tiques avaient décidé de la jeter bas. Je ne pus
retrouver la porte et j'étais inquiet pour ma vie,
j'étais seul. Après un temps d'angoisse, je vis
une ouverture accessible, une sorte de fenêtre
pratiquée au milieu du vitrage. Je me hissai et
ne réussis qu'à grand-peine à me glisser dehors.
J'étais dans un paysage désolé d'usines, de
ponts de chemin de fer et de terrains vagues.
J'attendais l'explosion qui allait soulever d'un
seul coup, d'un bout à l'autre, l'immense édifice
délabré dont je sortais. Je m'éloignai. J'allai
dans la direction d'un pont. A ce moment, un
flic me pourchassa en même temps qu'une
bande d'enfants déguenillés: le flic était apparemment chargé d'éloigner les gens du lieu de
l'explosion. En courant je criai aux enfants la
direction dans laquelle il fallait courir. Nous
arrivâmes ensemble sous un pont. A ce moment,
je dis en russe aux enfants: « *Zdies, mojno...* »
« Ici, nous pouvons rester. » Les enfants ne
répondaient pas: ils étaient excités. Nous regardions ensemble l'édifice: il devint visible qu'il
explosait (mais nous n'entendîmes aucun bruit:
l'explosion dégageait une fumée sombre, qui ne

se déroulait pas en volutes, mais elle s'élevait vers les nuages, tout droit, semblable à des cheveux coupés en brosse, sans la moindre lueur, tout était irrémédiablement sombre et poussiéreux...). Un tumulte suffocant, sans gloire, sans grandeur, qui se perdait en vain, à la tombée d'une nuit d'hiver. Cette nuit n'était même pas glacée ou neigeuse.

Je m'éveillai.

J'étais allongé, abruti, comme si ce rêve m'avait vidé. Je regardais vaguement le plafond et, par la fenêtre, une partie de ciel brillant. J'avais une sensation de fuite, comme si j'avais passé la nuit en chemin de fer, dans un compartiment bondé.

Peu à peu, ce qui arrivait me revint à la mémoire. Je sautai hors du lit. Je m'habillai sans me laver et je descendis dans la rue. Il était huit heures.

La journée commençait dans un enchantement. J'éprouvai la fraîcheur du matin, en plein soleil. Mais j'avais mauvaise bouche, je n'en pouvais plus. Je n'avais nul souci de réponse, mais je me demandais pourquoi ce flot de soleil, ce flot d'air et ce flot de vie m'avaient jeté sur la Rambla. J'étais étranger à tout, et, définitivement, j'étais flétri. Je pensai aux bulles de sang qui se forment à l'issue d'un trou ouvert par un boucher dans la gorge d'un cochon. J'avais un souci immédiat: avaler ce qui mettrait fin à mon écœurement physique, ensuite me raser, me laver, me peigner, enfin descendre dans la rue, boire du vin frais et marcher dans des rues ensoleillées. J'avalai un verre de café au lait. Je n'eus pas le courage de rentrer. Je me fis raser par un coiffeur. Encore une fois, je fis semblant d'ignorer l'espagnol. Je m'exprimai par signes. En sortant des mains du coiffeur, je repris goût à l'existence. Je rentrai me laver les dents le plus vite possible. Je voulais me baigner à Badalona. Je pris la voiture: j'arrivai vers neuf heures à Badalona. La plage était déserte. Je me déshabillai dans la voiture et je ne m'étendis pas sur le sable: j'entrai en courant dans la mer. Je cessai de nager et je regardai le ciel bleu. Dans la direction du nord-est: du côté où l'avion de Dorothea apparaîtrait. Debout, j'avais de l'eau jusqu'à l'estomac. Je voyais mes jambes jaunâtres dans l'eau, les deux pieds dans le sable, le tronc, les bras et la tête au-dessus de l'eau. J'avais la curiosité ironique de me voir, de voir ce qu'était, à la surface de la terre (ou de la mer), ce personnage à peu près nu, attendant qu'après quelques heures l'avion sortît du fond du ciel. Je recommençai à nager. Le ciel était immense, il était pur, et j'aurais voulu rire dans l'eau.

5

Etendu sur le ventre, au milieu de la plage, je me demandai finalement ce que j'allais faire de Xénie, qui allait arriver la première. Je pensai: je dois me rhabiller bien vite, sans tarder, je devrai filer à la gare et l'attendre. Je n'avais pas, depuis la veille, oublié l'insoluble problème que me posait l'arrivée de Xénie, mais chaque fois que j'y pensais je remettais la solution à plus tard. Je ne pourrais peut-être pas me décider avant d'être avec elle. Je n'aurais plus voulu la traiter brutalement. Parfois, je m'étais conduit comme une brute avec elle. Je n'en avais pas de regret, mais je ne pouvais pas supporter l'idée d'aller plus loin. Depuis un mois, j'étais sorti du pire. J'aurais pu croire que, depuis la veille, le cauchemar recommençait, pourtant il me semblait que non, que c'était autre chose, et même que j'allais vivre. Je souriais maintenant à la pensée des cadavres, de Lazare... de tout ce qui m'avait traqué. Je me retournai dans la mer, et sur le dos je dus fermer les yeux: j'eus un instant la sensation que le corps de Dirty se confondait avec la lumière, surtout avec la chaleur: je me raidis comme un bâton. J'avais envie de chanter. Mais rien ne me semblait solide. Je me sentais aussi faible qu'un vagissement, comme si ma vie, cessant d'être malheureuse, était dans les langes une chose insignifiante.

La seule chose à faire avec Xénie était d'aller la chercher à la gare et de la conduire à l'hôtel. Mais je ne pouvais pas déjeuner avec elle. Je ne trouvais pas d'explication à lui donner. Je pensai à téléphoner à Michel pour lui demander de déjeuner avec elle. Je me rappelais que, parfois, ils se rencontraient à Paris. Si fou que cela fût, c'était la seule solution possible. Je me rhabillai. Je téléphonai de Badalona. Je doutais de l'acceptation de Michel. Mais il était au bout du fil, il accepta. Il me parla. Il était parfaitement découragé. Il parlait de la voix d'un homme affaissé. Je lui demandai s'il m'en voulait de l'avoir traité brusquement. Il ne m'en voulait pas. Au moment où je l'avais quitté, il était si fatigué qu'il n'avait pensé à rien. Lazare ne lui parla de rien. Elle lui demanda même de mes nouvelles. Je trouvai l'attitude de Michel inconséquente : un militant sérieux aurait-il dû, ce jour-là, déjeuner dans un hôtel chic avec une femme riche ! Je voulais me représenter logiquement ce qui s'était passé à la fin de la nuit : j'imaginai que Lazare et Michel, en même temps, avaient été liquidés par leurs propres amis, à moitié comme Français étrangers à la Catalogne, à moitié comme intellectuels étrangers aux ouvriers. J'appris plus tard que leur affection et leur respect pour Lazare les avaient mis d'accord avec l'un des Catalans, qui proposa de l'écarter comme étrangère ignorant les conditions de la lutte ouvrière à Barcelone. Ils devaient en même temps écarter Michel. A la fin, les anarchistes catalans qui étaient en relation avec Lazare restèrent entre eux, mais sans résultats: ils renoncèrent à toute entreprise commune et se bornèrent le lendemain à faire isolément le coup de feu sur les toits. Pour moi, je ne voulais qu'une chose: que Michel déjeunât avec Xénie. J'espérais au surplus qu'ils s'entendraient pour passer la nuit ensemble, mais d'abord il suffisait que Michel fût dans le hall de l'hôtel avant une heure, comme nous l'avions entendu au téléphone.

Après coup, je m'en souvins: Xénie, chaque fois qu'elle en avait l'occasion, affichait ses opinions communistes. Je lui dirais que je l'avais fait venir pour qu'elle assistât aux troubles de Barcelone: elle pouvait s'exciter à l'idée que je l'avais jugée digne d'y prendre part. Elle parlerait avec Michel. Si peu convaincante qu'elle fût, j'étais satisfait de cette solution, je n'y pensai plus.

Le temps passa très vite. Je retournai à Barcelone: la ville avait déjà un aspect inaccoutumé, les terrasses des cafés rentrées, les rideaux de fer des magasins à moitié tirés. J'entendis un coup de feu: un gréviste avait tiré dans les vitres d'un tramway. Il y avait une animation bizarre, fugace parfois et parfois lourde. La circulation des voitures était presque nulle. Il y avait des forces armées un peu partout. Je compris que la voiture était exposée aux pierres et aux coups de feu. J'étais ennuyé de ne pas être du même bord que les grévistes, mais je n'y songeais guère. L'aspect de la ville, soudain en mal d'insurrection, était angoissant.

Je renonçai à rentrer à l'hôtel. J'allai directement à la gare. Il n'y avait encore aucun changement prévu dans les horaires J'aperçus la porte d'un garage: elle était entrouverte; j'y laissai la voiture. Il était seulement onze heures et demie. J'avais plus d'une demi-heure à tuer avant l'arrivée du train. Je trouvai un café ouvert: je demandai une carafe de vin blanc, mais je n'avais pas de plaisir à boire Je pensais au rêve de révolution que j'avais fait cette nuit-là: j'étais plus intelligent — ou plus humain — quand je dormais. Je pris un journal catalan, mais je comprenais mal le catalan. L'atmosphère du café était agréable et décevante. De rares clients: deux ou trois lisaient eux-mêmes des journaux. Malgré tout, j'avais été frappé par le mauvais aspect des rues centrales au moment où j'avais entendu un coup de feu. Je comprenais qu'à Barcelone, j'étais en dehors des choses, alors qu'à Paris, j'étais au milieu. A Paris, je parlais avec tous ceux dont j'étais proche au cours d'une émeute.

Le train avait du retard. J'étais réduit à aller et venir dans la gare: la gare ressemblait à la « Galerie de Machines », où j'avais erré dans mon rêve. L'arrivée de Xénie m'agaçait à peine, mais si le train avait un long retard, Michel pouvait s'impatienter à l'hôtel. Dirty serait là à son tour dans deux heures, je lui parlerais, elle me parlerait, je la saisirais dans mes bras: ces possibilités, toutefois, n'étaient pas intelligibles. Le train de Port-Bou entra en gare: peu d'instants après j'étais devant Xénie. Elle ne m'avait pas encore aperçu. Je la regardais; elle s'occupait de ses valises. Elle me parut plutôt petite. Elle avait jeté sur ses épaules un manteau et quand elle voulut prendre à la main une petite valise et son sac, le manteau tomba. Dans le mouvement qu'elle fit pour ramasser son manteau, elle m'aperçut. J'étais sur le quai; je riais d'elle. Elle devint rouge, me voyant rire, elle éclata elle-même de rire. Je pris la petite valise et le manteau qu'elle me passa par la fenêtre du wagon. Elle avait beau rire: elle était devant moi comme une intruse, étrangère à moi. Je me demandais — j'en avais peur — si la même chose n'allait pas arriver avec Dirty. Dirty elle-même allait me sembler loin de moi: Dirty était même impénétrable pour moi. Xénie souriait avec inquiétude — elle éprouvait un malaise, qui s'accentua quand elle vint se blottir dans mes bras. Je l'embrassai sur les cheveux et sur le front. Je pensais que si je n'avais pas attendu Dirty, j'aurais été heureux à ce moment-là.

J'étais résolu à ne pas lui dire dès l'abord que les choses iraient entre nous autrement qu'elle ne pensait. Elle me vit l'air préoccupé. Elle était touchante: elle ne disait rien, elle me regardait simplement, elle avait les yeux de quelqu'un qui, ne sachant rien, est rongé de curiosité. Je lui demandai si elle avait entendu parler des événements à Barcelone. Elle avait lu quelque chose dans les journaux français mais elle n'avait qu'une idée vague.

Je lui dis doucement:

— Ils ont commencé la grève générale ce matin et il est probable que, demain, quelque chose se passera... Tu viens juste pour les troubles.

Elle me demanda:

— Tu n'es pas fâché?

Je la regardai, je crois, l'air ailleurs. Elle gazouillait comme un oiseau, elle demanda encore:

— Est-ce qu'il va y avoir une révolution communiste?

— Nous allons déjeuner avec Michel T... Tu pourras parler de communisme avec lui, si tu veux.

— Je voudrais qu'il y ait une vraie révolution... Nous allons déjeuner avec Michel T...? Je suis fatiguée, tu sais.

— Il faut déjeuner d'abord... Tu dormiras après. Pour l'instant, reste ici: les taxis sont en grève. Je vais revenir avec une voiture.

Je la plantai là.

C'était une histoire compliquée — une histoire aberrante. J'avais de l'aversion pour le rôle que j'étais condamné à jouer avec elle. De nouveau, j'étais obligé d'agir avec elle comme je l'avais fait dans ma chambre de malade. Je m'en apercevais, j'avais tenté de fuir ma vie en allant en Espagne, mais je l'avais tenté inutilement. Ce que je fuyais m'avait poursuivi, rattrapé et me demandait à nouveau de me conduire en égaré. Je ne voulais plus, à tout prix, me conduire ainsi. Malgré cela, quand Dirty serait arrivée, il n'était rien qui ne dût tourner au pire. Je marchai assez vite, au soleil, dans la direction du garage. Il faisait chaud. J'épongeai mon visage. J'enviais les gens qui ont un Dieu auquel se rattraper, tandis que moi... je n'aurais bientôt plus « que les yeux pour pleurer ». Quelqu'un me dévisagea. J'avais la tête basse. Je relevai la tête: c'était un va-nu-pieds, il avait une trentaine d'années, un mouchoir sur la tête noué sous le menton et de larges lunettes jaunes de motocycliste sur la figure. Il me dévisagea longuement de ses grands yeux. Il avait un aspect insolent, au soleil, un aspect solaire. Je pensai: « Peut-être est-ce Michel, déguisé! » C'était d'une stupidité enfantine. Jamais ce bizarre va-nu-pieds ne m'avait rencontré.

Je le dépassai, aussitôt je me retournai. Il me dévisagea de plus belle. Je m'efforçais d'imaginer sa vie. Cette vie avait quelque chose d'indéniable. Je pouvais devenir moi-même un va-nu-pieds. En tout cas, *lui*, l'était, il l'était *pour de bon*, et n'était rien d'autre: c'était le sort qu'il avait attrapé. Celui que j'avais attrapé, *moi*, était plus gai. Revenant du garage, je passai par le même chemin. Il était encore là. Une fois de plus, il me dévisagea. Je passai lentement. J'eus du mal à m'en détacher. J'aurais voulu avoir cet aspect affreux, cet aspect solaire comme lui, au lieu de ressembler à un enfant qui jamais ne sait ce qu'il veut. Je pensai alors que j'aurais pu vivre heureux avec Xénie.

Elle se tenait debout à l'entrée de la gare, ses valises à ses pieds. Elle ne vit pas venir ma voiture: le ciel était d'un bleu vif, mais tout avait lieu comme si l'orage allait éclater. Entre ses valises, la tête basse et défaite, Xénie donnait le sentiment que le sol lui manquait. Je pensais: dans la journée, j'aurai mon tour, à la fin le sol manquera sous mes pieds, comme il lui manque. Arrivé devant elle, je la regardai sans sourire, avec une expression désespérée. Elle eut à me voir un sursaut: à ce moment, son visage exprima sa détresse. Elle se reprit en avançant vers la voiture. J'allai prendre les valises: il y avait aussi un paquet de journaux, des illustrés et l'*Humanité*. Xénie était venue en wagon-lit à Barcelone, mais elle lisait l'*Humanité!*

Tout eut lieu rapidement: nous sommes arrivés à l'hôtel peu après sans avoir parlé. Xénie regardait les rues de la ville qu'elle voyait pour la première fois. Elle me dit qu'au premier abord Barcelone lui semblait une jolie ville. Je lui montrai des grévistes et des gardes d'assaut massés devant un édifice.

Elle me dit aussitôt:

— Mais c'est affreux.

Michel était dans le hall de l'hôtel. Il s'empressa avec sa gaucherie habituelle. Visiblement, il avait pour Xénie de l'intérêt. Il s'était animé en l'apercevant. A peine entendit-elle ce qu'il disait, elle monta dans la chambre que j'avais fait préparer.

J'expliquai à Michel:

— Maintenant, je dois m'en aller... Peux-tu

dire à Xénie que je quitte Barcelone en voiture jusqu'à ce soir, mais sans préciser l'heure?

Michel me dit que j'avais mauvaise mine. Il avait lui-même l'air ennuyé. Je laissai un mot pour Xénie: j'étais, lui disais-je, affolé par ce qui m'arrivait, j'avais eu tous les torts avec elle, maintenant j'avais voulu me conduire autrement, c'était impossible depuis la veille: comment aurais-je pu prévoir ce qui m'arrivait?

J'insistai, parlant à Michel: je n'avais pas de raison personnelle de me soucier de Xénie, mais elle était très malheureuse; à l'idée de la laisser seule, j'avais le sentiment d'un coupable.

Je me précipitai, malade à l'idée qu'on avait pu saboter la voiture. Personne n'y avait touché. Un quart d'heure après, j'arrivai au champ d'aviation. J'avais une avance d'une heure.

6

J'étais dans l'état d'un chien tirant sur la laisse. Je ne voyais rien. Enfermé dans le temps, dans l'instant, dans la pulsation du sang, je souffrais de la même façon qu'un homme qu'on vient de lier pour le tuer, qui cherche à casser la corde. Je n'attendais plus rien d'heureux, de ce que j'attendais je ne pouvais plus rien savoir, l'existence de Dorothea était trop violente. Peu d'instants avant l'arrivée de l'avion, tout espoir écarté, je devins calme. J'attendais Dirty, j'attendais Dorothea de la même façon qu'on attend la mort. Le mourant, soudainement, le sait: tout est fini. Cependant, ce qui va survenir un peu plus tard est la seule chose au monde qui importait! J'étais devenu calme, mais l'avion, volant bas, arriva brusquement. Je me précipitai: je ne vis pas d'abord Dorothea. Elle était derrière un grand vieillard. Je n'étais pas sûr en premier lieu que ce soit elle. Je m'approchai: elle avait le visage maigre d'une malade. Elle était sans forces, il fallut l'aider à descendre. Elle me voyait, mais ne regardait pas, se laissant soutenir sans bouger, la tête basse.

Elle me dit:
— Un instant...
Je lui dis:
— Je te porterai dans mes bras.

Elle ne répondit pas, elle se laissa faire et je l'emportai. Sa maigreur était squelettique. Elle souffrait visiblement. Elle était inerte dans mes bras, non moins indifférente qu'elle aurait été portée par un homme de peine. Je l'installai dans la voiture. Assise dans la voiture, elle me regarda. Elle eut un sourire ironique, caustique, un sourire hostile. Qu'avait-elle de commun avec celle que j'avais connue, trois mois plus tôt, buvant comme si jamais elle ne devait se rassasier. Ses vêtements étaient jaunes, couleur de soufre, de la même couleur que les cheveux. Longtemps, j'avais été obsédé par l'idée d'un squelette solaire, les os couleur de soufre: Dorothea était maintenant un déchet, la vie semblait l'abandonner.

Elle me dit doucement:

— Dépêchons-nous. Il faudrait que je sois dans un lit, le plus vite possible.

Elle n'en pouvait plus.

Je lui demandai pourquoi elle ne m'avait pas attendu à Paris.

Elle eut l'air de ne pas entendre, mais elle finit par me répondre:

— Je ne voulais plus attendre.

Elle regardait devant elle sans rien voir.

Devant l'hôtel, je l'aidai à descendre. Elle voulut marcher jusqu'à l'ascenseur. Je la soutenais et nous avancions lentement. Je l'aidai, dans la chambre, à se déshabiller. Elle me dit à mi-voix le nécessaire. Je devais éviter de lui faire mal et je lui donnai le linge qu'elle voulait. La déshabillant, à mesure qu'apparut sa nudité (son corps maigri était moins *pur*) je ne pus retenir un sourire malheureux: il valait mieux qu'elle soit malade.

Elle dit avec une sorte d'apaisement:

— Je ne souffre plus. Seulement, je n'ai plus la moindre force.

Je ne l'avais pas effleurée de mes lèvres, elle m'avait à peine regardé, mais ce qui arrivait dans la chambre nous unissait.

Quand elle s'allongea sur le lit, la tête bien au milieu de l'oreiller, ses traits se détendirent: elle apparut bientôt aussi belle qu'autrefois. Un instant, elle me regarda, puis elle se détourna.

Les volets de la chambre étaient fermés mais des rayons de soleil passaient au travers. Il faisait chaud. Une femme de chambre entra, portant de la glace dans un seau. Dorothea me pria de mettre la glace dans une poche de caoutchouc et de lui placer la poche sur le ventre.

Elle me dit:

— C'est là que je souffre. Je reste étendue sur le dos avec de la glace.

Elle me dit encore:

— J'étais sortie hier quand tu m'as téléphoné. Je ne suis pas aussi malade que j'en ai l'air.

Elle souriait: mais son sourire gênait.

— J'ai dû voyager en troisième jusqu'à Marseille. Sinon, je serais partie ce soir, pas avant.

— Pourquoi? Tu n'avais pas assez d'argent?

— Je devais en garder pour l'avion.

— C'est le voyage en train qui t'a rendue malade?

— Non. Je suis malade depuis un mois, les secousses m'ont seulement fait du mal: j'ai eu mal, très mal, pendant toute la nuit. Mais...

Elle prit ma tête dans ses deux mains et se détourna pour me dire:

— J'étais heureuse de souffrir.

M'ayant parlé, ses mains qui m'avaient cherché m'écartèrent.

Mais jamais, depuis que je l'avais rencontrée, elle ne m'avait parlé de cette façon.

Je me suis levé. J'allai pleurer dans la salle de bains.

Je revins aussitôt. J'affectai une froideur qui répondait à la sienne. Ses traits s'étaient durcis. Comme si elle devait se venger de son aveu.

Elle eut un élan de haine passionnée, un élan qui la fermait.

— Si je n'étais pas malade, je ne serais pas venue. Maintenant, je suis malade: nous allons être heureux. Je suis malade enfin.

Dans sa fureur contenue, une grimace la défigura.

Elle devint hideuse. Je compris que j'aimais en elle ce violent mouvement. Ce que j'aimais en elle était sa haine, j'aimais la laideur imprévue, la laideur affreuse, que la haine donnait à ses traits.

7

Le médecin que j'avais demandé se fit annoncer. Nous étions endormis. La chambre, étrange, à demi obscure, où je m'éveillai, semblait abandonnée. Dorothea s'éveilla elle-même en même temps. Elle eut un sursaut quand elle m'aperçut. J'étais dressé sur le fauteuil: je cherchais à savoir où j'étais. Je ne savais plus rien. Etait-ce la nuit? c'était évidemment le jour. Je décrochai le téléphone qui sonnait. Je priai le bureau de faire monter le médecin.

J'attendais la fin de l'examen: je me sentais très bas, mal réveillé.

Dorothea avait une maladie de femme: malgré un état grave, elle pouvait guérir assez vite. Le voyage avait aggravé les choses, elle n'aurait pas dû voyager. Le médecin reviendrait. Je l'accompagnai jusqu'à l'ascenseur. A la fin, je lui demandai comment les choses allaient dans Barcelone: il me dit que, depuis deux heures, la grève était complète, rien ne marchait plus, mais la ville était calme.

C'était un homme insignifiant. Je ne sais pourquoi je lui dis, souriant bêtement:

— Le calme avant l'orage...

Il me serra la main et s'en alla sans répondre, comme si j'étais un homme mal élevé.

Dorothea, détendue, se peigna. Elle mit du rouge à lèvres.

Elle me dit:

— Je suis mieux... Qu'as-tu demandé au médecin?

— Il y a une grève générale et peut-être il va y avoir une guerre civile.

— Pourquoi une guerre civile?

— Entre les Catalans et les Espagnols.

— Une guerre civile?

L'idée d'une guerre civile la déconcertait. Je lui dis encore:

— Tu dois faire ce qu'a dit le médecin...

J'avais tort d'en parler si vite: c'était comme si une ombre avait passé; le visage de Dorothea se ferma.

— Pourquoi guérirais-je? dit-elle.

Le jour des morts

1

Dorothea était arrivée le 5. Le 6 octobre, à dix heures du soir, j'étais assis près d'elle: elle me disait ce qu'elle avait fait dans Vienne après m'avoir quitté.

Elle était entrée dans une église.

Il n'y avait personne et, d'abord, elle s'était agenouillée sur les dalles, ensuite elle s'était mise à plat ventre, elle avait étendu les bras en croix. Cela n'avait pour elle aucun sens. Elle n'avait pas prié. Elle ne comprenait pas pourquoi elle l'avait fait mais, après un temps, plusieurs coups de tonnerre l'avaient ébranlée. Elle s'était relevée, et, sortie de l'église, elle était partie en courant sous la pluie d'averse.

Elle entra sous un porche. Elle était sans chapeau et mouillée. Sous le porche, il y avait un garçon en casquette, un garçon très jeune. Il avait voulu rire avec elle. Désespérée, elle ne pouvait pas rire: elle s'était approchée et l'avait embrassé. Elle l'avait touché. En réponse, il l'avait touchée. Elle était déchaînée, elle l'avait terrifié.

Me parlant, elle était détendue. Elle me dit:

— C'était comme un petit frère, il sentait le mouillé, moi aussi, mais j'étais dans un tel état qu'en jouissant, il tremblait de peur.

A ce moment, écoutant parler Dorothea, j'avais oublié Barcelone.

Nous entendîmes une sonnerie de clairon assez proche. Dorothea s'arrêta court. Elle écoutait, surprise. Elle parla de nouveau mais, cette fois, elle se tut vraiment. Il y avait eu une salve de coups de feu. Il y eut un instant de répit, ensuite la fusillade reprit. Ce fut une brusque cataracte, pas très loin. Dorothea s'était dressée: elle n'avait pas peur, mais c'était d'une brutalité tragique. J'allai à la fenêtre. Je vis des gens armés de fusils, qui criaient et couraient sous les arbres de la Rambla, cette nuit-là mal éclairée. On ne tirait pas sur la Rambla mais dans les rues avoisinantes: une branche cassée par une balle tomba.

Je dis à Dorothea:

— Cette fois, ça va mal!

— Qu'est-ce que c'est?

— Je ne sais pas. Sans doute est-ce l'armée régulière qui attaque les autres (les autres, c'étaient les Catalans et la Généralité de Barcelone). On tire dans la Calle Fernando. C'est tout près.

Une fusillade violente ébranlait l'air.

Dorothea vint à l'une des fenêtres. Je me retournai. Je lui dis en criant:

— Tu es folle. Recouche-toi tout de suite!

Elle avait un pyjama d'homme. Echevelée, pieds nus, elle avait un visage cruel.

Elle m'écarta et regarda par la fenêtre. Je lui montrai à terre la branche cassée.

Elle revint vers le lit et enleva la veste de son pyjama. Le torse nu, elle se mit à chercher autour d'elle: elle avait l'air folle.

Je lui demandai:

— Que cherches-tu? Tu dois absolument te recoucher.

— Je veux m'habiller. Je veux aller voir avec toi.

— Tu perds la tête?

— Ecoute-moi, c'est plus fort que moi. J'irai voir.

Elle semblait déchaînée. Elle était violente, elle était fermée, elle parlait sans réplique, soulevée par une sorte de fureur.

A ce moment, on frappa à la porte en l'ébranlant à coups de poing. Dorothea jeta la veste qu'elle avait quittée.

C'était Xénie. (Je lui avais tout dit la veille, la laissant avec Michel.) Xénie tremblait. Je regardai Dorothea, je la vis provocante. Muette, mauvaise, elle était debout, les seins nus.

Je dis brutalement à Xénie:

— Il faut retourner dans ta chambre. Il n'y a rien d'autre à faire.

Dorothea m'interrompit sans la regarder:

— Non. Vous pouvez rester, si vous voulez. Restez avec nous.

Xénie était immobile à la porte. On continuait à tirer. Dorothea me prit par la manche. Elle m'entraîna à l'autre extrémité de la chambre et me dit à l'oreille:

— J'ai une idée horrible, tu comprends?

— Quelle idée? Je ne comprends plus. Pourquoi inviter cette fille à rester?

Dorothea recula devant moi: elle avait l'air sournois et, en même temps, il était évident qu'elle n'en pouvait plus. Le bruit des coups de fusil défonçait la tête. Elle me dit encore, la tête basse, la voix agressive:

— Tu sais que je suis une bête!

L'autre pouvait l'entendre.

Je me précipitai vers Xénie, la suppliant:

— Va-t'en tout de suite.

Xénie me supplia elle aussi. Je répliquai:

— Comprends-tu ce qui va se passer si tu restes?

Dorothea riait cyniquement en la fixant. Je poussai Xénie vers le couloir: Xénie, qui résista, m'insultait sourdement. Elle était affolée dès l'abord et, j'en suis sûr, sexuellement hors d'elle. Je la bousculai, mais elle résista. Elle se mit à crier comme un démon. Il y avait dans l'air une telle violence; je la poussai de toutes mes forces. Xénie tomba de tout son poids, s'étalant en travers du couloir. Je fermai la porte au verrou. J'avais perdu la tête. J'étais une bête, moi aussi, mais, en même temps, j'avais tremblé. J'avais imaginé Dorothea profitant de ce que j'étais occupé avec Xénie pour se tuer en sautant par la fenêtre.

2

Dorothea était épuisée; elle se laissa porter sans dire un mot. Je la couchai: elle se laissa faire, inerte dans mes bras, les seins nus. Je retournai à la fenêtre. Je fermai les volets. Effrayé, j'aperçus Xénie, sortie de l'hôtel. Elle traversa la Rambla en courant. Je n'y pouvais rien: je ne pouvais pas laisser Dorothea seule un instant. Je vis Xénie se diriger non vers la fusillade, mais vers la rue où Michel habitait. Elle disparut.

La nuit entière fut trouble. Il n'était pas possible de dormir. Peu à peu, le combat augmenta d'intensité. Les mitrailleuses, puis les canons commencèrent à donner. Entendu de la chambre d'hôtel où Dorothea et moi étions enfermés, cela pouvait avoir quelque chose de grandiose, mais c'était surtout inintelligible. Je passai une partie du temps à marcher dans cette chambre de long en large.

Au milieu de la nuit, pendant une accalmie, j'étais assis au bord du lit. Je parlai à Dorothea:

— Je ne comprends pas que tu sois entrée dans une église.

Nous nous taisions depuis longtemps. Elle tressaillit, mais ne répondit pas.

Je lui demandai pourquoi elle ne disait rien. Elle rêvait, me répondit-elle.

— Mais de quoi rêves-tu?

— Je ne sais pas.
Un peu après, elle dit:
— Je peux me prosterner devant lui si je crois qu'il n'existe pas.
— Pourquoi es-tu entrée dans l'église?
Elle tourna le dos dans son lit.
Elle dit encore:
— Tu devrais t'en aller. Il vaudrait mieux que je reste seule maintenant.
— Si tu préfères, je peux sortir.
— Tu veux aller te faire tuer...
— Pourquoi? Les fusils ne tuent pas grand monde. Ecoute: on n'arrête pas de tirer. Cela montre assez bien que les obus eux-mêmes laissent un grand nombre de survivants.
Elle suivait sa propre pensée:
— Ça serait moins faux.
A ce moment, elle se tourna vers moi. Elle me regardait avec ironie:
— Si seulement tu pouvais perdre la tête!
Je ne sourcillai pas.

3

Le lendemain après-midi, le combat de rues, diminué d'intensité, reprenait sévèrement de temps à autre. Pendant une accalmie, Xénie téléphona du bureau de l'hôtel. Elle cria dans l'appareil. A ce moment, Dorothea dormait. Je descendis dans le hall. Lazare était là, tâchant de maintenir Xénie. Xénie, échevelée, était sale, elle avait l'aspect d'une folle. Lazare n'était pas moins ferme, ni moins funèbre que d'habitude.

Xénie, échappant à Lazare, se précipita sur moi. Comme si elle voulait me sauter à la gorge.

Elle criait:

— Qu'est-ce que tu as fait?

Elle avait au front une large plaie qui saignait sous une croûte déchirée.

Je la pris par les poignets et, les lui tordant, l'obligeai de se taire. Elle avait la fièvre, elle tremblait.

Sans lâcher les poignets de Xénie, je demandai à Lazare ce qui arrivait.

Elle me dit:

— Michel vient de se faire tuer et Xénie est convaincue que c'est par sa faute.

Je devais faire un effort pour maintenir Xénie: en entendant parler Lazare, elle s'était débattue. Elle cherchait sauvagement à me mordre les mains.

Lazare m'aida à la maintenir: elle lui maintint la tête. Je tremblais, moi aussi.

Au bout d'un certain temps, Xénie resta tranquille.

Elle était affolée devant nous.

Elle dit d'une voix rauque:

— Pourquoi as-tu fait ça avec moi?... Tu m'as jetée par terre... comme une bête...

Je lui avais pris la main et je la serrais très fort.

Lazare alla demander une serviette mouillée.

Xénie continua de parler:

— ... avec Michel... j'ai été horrible... Comme toi avec moi... c'est ta faute... il m'aimait, lui il n'y avait que lui au monde qui m'aimait... J'ai fait avec lui... ce que tu as fait avec moi... il a perdu la tête... il est allé se faire tuer... et maintenant... Michel est mort... c'est horrible...

Lazare lui mit la serviette sur le front.

Nous l'avons soutenue chacun d'un côté pour la conduire à sa chambre. Elle se traînait. Je pleurais. Je vis que Lazare commençait à pleurer, elle aussi. Les larmes coulaient sur ses joues: elle n'était ni moins maîtresse d'elle-même, ni moins funèbre et c'était monstrueux de voir ses larmes couler. Nous avons étendu Xénie dans sa chambre, sur son lit.

Je dis à Lazare:

— Dirty est ici. Je ne peux pas la laisser seule.

Lazare me regarda et, à ce moment-là, je vis qu'elle n'avait plus le courage de me mépriser.

Elle dit simplement:

— Je resterai avec Xénie.

Je serrai la main de Lazare. Je gardai même un moment ma main dans la sienne, mais je pensais déjà que c'était Michel, que ce n'était pas moi qui étais mort. Je serrai ensuite Xénie dans mes bras: j'aurais voulu l'embrasser vraiment, mais je me sentis devenir hypocrite, aussitôt, je partis. Quand elle vit que je m'en allai, elle se mit à sangloter sans bouger. Je passai dans le couloir. Je pleurais aussi, par contagion.

4

Je restai en Espagne avec Dorothea jusqu'à la fin du mois d'octobre. Xénie rentra en France avec Lazare. Dorothea allait mieux de jour en jour: elle sortait au soleil dans l'après-midi avec moi (nous étions allés nous installer dans un village de pêcheurs).

A la fin d'octobre, nous n'avions plus d'argent. Ni l'un ni l'autre. Dorothea devait rentrer en Allemagne. Je devais l'accompagner jusqu'à Francfort.

Nous sommes arrivés à Trèves un dimanche matin (le premier novembre). Nous devions attendre l'ouverture des banques, le lendemain. L'après-midi, le temps était pluvieux, mais nous ne pouvions nous enfermer à l'hôtel. Nous avons marché dans la campagne, jusqu'à une hauteur qui surplombe la vallée de la Moselle. Il faisait froid, la pluie commençait de tomber. Dorothea avait un manteau de voyage en drap gris. Elle avait les cheveux décoiffés par le vent, elle était humide de pluie. A la sortie de la ville, nous demandâmes à un petit bourgeois à grandes moustaches, en chapeau melon, de nous montrer notre chemin. Avec une gentillesse déconcertante, il prit Dorothea par la main. Il nous mena au carrefour où nous pouvions nous retrouver. Il s'éloigna pour nous sourire en se retournant. Dorothea le regarda elle-même avec un sourire désenchanté. Faute d'avoir écouté ce que disait le petit homme, un peu plus loin, nous nous sommes trompés. Nous avons dû marcher longtemps, loin de la Moselle, dans des vallées adjacentes. La terre, les pierres des chemins creux et les roches nues étaient rouge vif: il y avait beaucoup de bois, des terres labourées et des prés. Nous avons traversé un bois jauni. La neige commença de tomber. Nous avons croisé un groupe de Hitlerjugend, des enfants de dix à quinze ans, vêtus d'une culotte courte et d'un boléro de velours noir. Ils marchaient vite, ne regardaient personne et parlaient d'une voix claquante. Il n'était rien qui ne soit triste, affreusement: un grand ciel gris qui se changeait doucement en neige qui tombe. Nous allions vite. Nous dûmes traverser un plateau de terre labourée. Les sillons fraîchement ouverts se multipliaient; au-dessus de nous, sans finir, la neige était portée par le vent. Autour de nous, c'était immense. Dorothea et moi, pressant le pas sur une petite route, le visage cinglé par le froid, nous avions perdu le sentiment d'exister.

Nous arrivâmes à un restaurant surmonté d'une tour: à l'intérieur, il faisait chaud, mais il y avait une sale lumière de novembre, il y avait là de nombreuses familles bourgeoises attablées. Dorothea, les lèvres pâles, le visage rougi par le froid, ne disait rien: elle mangeait un gâteau qu'elle aimait. Elle demeurait très belle, pourtant son visage se perdait dans cette lumière, il se perdait dans le gris du ciel. Pour redescendre, sans difficulté nous avons pris le bon chemin, très court, tracé en lacets à travers les bois. Il ne neigeait plus, ou presque plus. La neige n'avait pas laissé de trace. Nous allions vite, nous glissions ou nous trébuchions de temps à autre et la nuit tombait. Plus bas, dans la pénombre, apparut la ville de Trèves. Elle s'étendait sur l'autre rive de la Moselle, dominée par de grands clochers carrés. Peu à peu, dans la nuit, nous cessâmes de voir les clochers. En passant dans une clairière, nous avons vu une maison basse, mais vaste, qu'abritaient des jardins en tonnelles. Dorothea me parla d'acheter cette maison et de l'habiter avec moi. Il n'y avait plus entre nous qu'un désenchantement hostile. Nous le sentions, nous étions peu de chose l'un pour l'autre, tout au moins dès l'instant où nous n'étions plus dans l'angoisse. Nous nous hâtions vers une chambre d'hôtel, dans une ville que la veille nous ne connaissions pas. Dans l'ombre, il arrivait que nous nous cherchions. Nous nous regardions les yeux dans les yeux: non sans crainte. Nous étions liés l'un à l'autre, mais nous n'avions plus le moindre espoir. A un tournant du chemin un vide s'ouvrit au-dessous de nous. Etrangement, ce vide n'était pas moins illimité, à nos pieds, qu'un ciel étoilé sur nos têtes. Une multitude de petites lumières, agitées par le vent, menaient dans la nuit une fête silencieuse, inintelligible. Ces étoiles, ces bougies, étaient par centaines en flammes sur le sol: le sol où s'alignait la foule des tombes illuminées. Je pris Dorothea par le bras. Nous étions fascinés par cet abîme d'étoiles funèbres. Dorothea se rapprocha de moi. Longuement, elle m'embrassa dans la bouche. Elle m'enlaça, me serrant violemment : c'était, depuis longtemps, la première fois qu'elle se déchaînait. Hâtivement, nous fîmes, hors du chemin, dans la terre labourée, les dix pas que font les amants. Nous étions toujours au-dessus des tombes. Dorothea s'ouvrit, je la dénudai jusqu'au sexe. Elle-même, elle me dénuda. Nous sommes tombés sur le sol meuble et je m'enfonçai dans son corps humide comme une charrue bien manœuvrée s'enfonce dans la terre. La terre, sous ce corps, était ouverte comme une tombe, son ventre nu s'ouvrit à moi comme une tombe fraîche. Nous étions frappés de stupeur, faisant l'amour au-dessus d'un cimetière étoilé. Chacune des lumières annonçait un squelette dans une tombe, elles formaient ainsi un ciel vacillant, aussi trouble que les mouvements de nos corps mêlés. Il faisait froid, mes mains s'enfonçaient dans la terre : je dégrafai Dorothea, je souillai son linge et sa poitrine de la terre fraîche qui s'était collée à mes doigts. Ses seins, sortis de ses vêtements, étaient d'une blancheur lunaire. Nous nous abandonnions de temps à autre, nous laissant aller à trembler de froid : nos corps tremblaient comme deux rangées de dents claquent l'une dans l'autre.

Le vent fit dans les arbres un bruit sauvage. Je dis en bégayant à Dorothea, je bégayais, je parlais sauvagement :

— ... mon squelette... tu trembles de froid... tu claques des dents...

Je m'étais arrêté, je pesais sur elle sans bouger, je soufflais comme un chien. Soudain j'enlaçai ses reins nus. Je me laissai tomber de tout mon poids. Elle poussa un terrible cri. Je serrai les dents de toutes mes forces. A ce moment, nous avons glissé sur un sol en pente.

Il y avait plus bas une partie de rocher en surplomb. Si je n'avais, d'un coup de pied, arrêté ce glissement, nous serions tombés dans la nuit; et j'aurais pu croire, émerveillé, que nous tombions dans le vide du ciel.

Je dus, comme je pouvais, tirer mon pantalon. Je m'étais mis debout. Dirty restait le derrière nu, à même le sol. Elle se leva péniblement, elle attrapa une de mes mains. Elle embrassa mon ventre nu: la terre s'était collée à mes jambes velues: elle la gratta pour m'en débarrasser. Elle s'accrochait à moi. Elle jouait avec des mouvements sournois, avec des mouvements d'une folle indécence. Elle me fit d'abord tomber. Je me relevai difficilement, je l'aidai à se mettre debout. Je l'aidai à remettre ses vêtements, mais c'était difficile, nos corps et nos vêtements devenus terreux. Nous n'étions pas moins excités par la terre que par la nudité de la chair; le sexe de Dirty était à peine couvert, sous les vêtements, que j'eus hâte de le mettre encore à nu.

En rentrant, le cimetière dépassé, les rues de la petite ville étaient désertes. Nous traversions un quartier formé d'habitations basses, de vieilles maisons entre des jardins. Un petit garçon passa: il dévisagea Dirty avec étonnement. Elle me fit penser aux soldats qui faisaient la guerre dans des tranchées boueuses, mais j'avais hâte d'être avec elle dans une chambre chauffée et d'enlever sa robe à la lumière. Le petit garçon s'arrêta pour mieux nous voir. La grande Dirty tendit la tête et lui fit une horrible grimace. Le petit garçon, cossu et laid, disparut en courant.

Je pensai au petit Karl Marx et à la barbe qu'il eut plus tard, à l'âge adulte: il était aujourd'hui sous terre, près de Londres, Marx avait dû courir, lui aussi, dans les rues désertes de Trèves, quand il était petit garçon.

5

Le lendemain, nous devions aller à Coblentz. De Coblentz, nous avons pris un train pour Francfort, où je devais quitter Dorothea. Tandis que nous remontions la vallée du Rhin, une pluie fine tombait. Les rives du Rhin étaient grises, mais nues et sauvages. Le train longeait, de temps à autre, un cimetière dont les tombes avaient disparu sous des jonchées de fleurs blanches. Avec la venue de la nuit, nous vîmes des bougies allumées sur les croix des tombes. Nous devions nous quitter quelques heures plus tard. A huit heures, Dorothea aurait à Francfort un train vers le sud; peu de minutes après, je prendrais le train de Paris. La nuit tomba après Bingerbrück.

Nous étions seuls dans un compartiment. Dorothea se rapprocha de moi pour me parler. Elle eut une voix presque enfantine. Elle me serra très fort un bras, elle me dit:

— Il y aura bientôt la guerre, n'est-ce pas?

Je répondis doucement:

— Je n'en sais rien.

— Je voudrais savoir. Tu sais ce que je pense parfois: je pense que la guerre arrive. Alors, je dois annoncer à un homme: la guerre est commencée. Je vais le voir, mais il ne doit pas s'y attendre: il pâlit.

— Et alors?
— C'est tout.
Je lui demandai:
— Pourquoi penses-tu à la guerre?
— Je ne sais pas. Auras-tu peur, toi, s'il y a la guerre?
— Non.
Elle s'approcha plus près de moi, appuyant sur mon cou un front brûlant:
— Ecoute, Henri... je sais que je suis un monstre, mais quelquefois, je voudrais qu'il y ait la guerre...
— Pourquoi pas?
— Toi aussi, tu voudrais? Tu serais tué, n'est-ce pas?
— Pourquoi penses-tu à la guerre? C'est à cause d'hier?
— Oui, à cause des tombes.
Dorothea resta longtemps serrée contre moi. La nuit précédente m'avait épuisé. Je commençais à m'endormir.
Dorothea, comme je m'endormais, pour me réveiller, me caressa, presque sans bouger, sournoisement. Elle continuait de parler doucement:
— Tu sais, l'homme auquel j'annonce qu'il y a la guerre...
— Oui.
— Il ressemble au petit homme à moustaches qui m'a prise par la main sous la pluie: un homme tout à fait gentil, avec beaucoup d'enfants.
— Et les enfants?
— Ils meurent tous.

— Ils sont tués?

— Oui. Chaque fois, je vais voir le petit homme. C'est absurde, n'est-ce pas?

— C'est toi qui lui annonces la mort de ses enfants?

— Oui. Toutes les fois qu'il me voit, il pâlit. J'arrive avec une robe noire et tu sais, lorsque je m'en vais...

— Dis-moi.

— Il y a une flaque de sang, là où j'avais les jambes.

— Et toi?

Elle expira comme une plainte, comme si elle suppliait tout à coup:

— Je t'aime...

Elle colla sa bouche fraîche à la mienne. Je fus dans un état d'intolérable joie. Quand sa langue lécha la mienne, ce fut si beau que j'aurais voulu ne plus vivre.

Dirty, qui avait enlevé son manteau, avait, dans mes bras, une robe de soie d'un rouge vif, du rouge des drapeaux à croix gammée. Son corps était nu sous la robe. Elle avait une odeur de terre mouillée. Je m'éloignai d'elle, à moitié sous le coup de l'énervement (je voulais bouger), à moitié pour aller à l'extrémité du wagon. Dans le couloir, je dérangeai deux fois un officier S.A., très beau et très grand. Il avait des yeux de faïence bleue qui, même à l'intérieur d'un wagon éclairé, étaient perdus dans les nuages: comme s'il avait en lui-même entendu l'appel des Walkyries, mais sans doute son oreille était-elle plus sensible aux trompettes de la caserne. Je m'arrêtai à l'entrée du compartiment. Dirty mit la lampe en veilleuse. Elle était debout, immobile, sous une faible lueur: elle me fit peur; je voyais derrière elle, malgré l'obscurité, une plaine immense. Dirty me regardait mais elle était elle-même absente, perdue dans un horrible rêve. Je m'approchai d'elle, et je vis qu'elle pleurait. Je la serrai entre mes bras, elle ne voulut pas me donner ses lèvres. Je lui demandai pourquoi elle pleurait.

Je pensai:
— Je la connais aussi peu que possible.
Elle répondit:
— Pour rien.
Elle éclata en sanglots.
Je la touchai en l'étreignant. J'aurais sangloté, moi aussi. J'aurais voulu savoir pourquoi elle pleurait, mais elle ne parla plus. Je la voyais telle qu'elle était quand j'étais revenu dans le compartiment: debout devant moi, elle avait la beauté d'une apparition. De nouveau, j'en eus peur. Je pensais soudain, perdu d'angoisse à l'idée qu'elle me quitterait dans quelques heures: elle est si avide qu'elle ne peut pas vivre. Elle ne vivra pas. J'avais sous les pieds le bruit des roues sur les rails, de ces roues qui écrasent, dans les chairs écrasées qui éclatent.

6

Les dernières heures passèrent rapidement. A Francfort, je voulais aller dans une chambre. Elle refusa. Nous avons dîné ensemble: le seul moyen de supporter était une occupation. Les dernières minutes, sur le quai, furent intolérables. Je n'eus pas le courage de m'en aller. Je devais la revoir dans quelques jours, mais j'étais obsédé, je pensais qu'auparavant, elle mourrait. Elle disparut avec le train.

J'étais seul sur le quai. Dehors il pleuvait à verse. Je m'en allai en pleurant. Je marchais péniblement. J'avais encore dans la bouche le goût des lèvres de Dirty, quelque chose d'inintelligible. Je dévisageai un homme de la compagnie des chemins de fer. Il passa: j'éprouvai devant lui un malaise. Pourquoi n'avait-il rien de commun avec une femme que j'aurais pu embrasser? Il avait lui-même des yeux, une bouche, un derrière. Cette bouche me donnait envie de rendre. J'aurais désiré la frapper: il avait l'aspect d'un bourgeois obèse. Je lui demandai les cabinets (j'aurais dû y courir le plus vite possible). Je n'avais pas même essuyé mes larmes. Il me donna une indication en allemand: c'était difficile à comprendre. J'arrivai à l'extrémité du hall: j'entendis un bruit de musique violente, un bruit d'une aigreur intolérable. Je pleurais toujours. De la porte de la gare, je vis de loin, à l'autre extrémité d'une place immense, un théâtre bien éclairé et, sur les marches du théâtre, une parade de musiciens en uniforme: le bruit était splendide, déchirant les oreilles, exultant. J'étais si surpris qu'aussitôt, je cessai de pleurer. Je n'avais plus envie d'aller aux cabinets. Sous la pluie battante, je traversai la place vide en courant. Je me mis à l'abri sous l'auvent du théâtre.

J'étais devant des enfants en ordre militaire, immobiles, sur les marches de ce théâtre: ils avaient des culottes courtes de velours noir et de petites vestes ornées d'aiguillettes, ils étaient nu-tête; à droite des fifres, à gauche des tambours plats.

Ils jouaient avec tant de violence, avec un rythme si cassant que j'étais devant eux le souffle coupé. Rien de plus sec que les tambours plats qui battaient, ou de plus acide, que les fifres. Tous ces enfants nazis (certains d'entre eux étaient blonds, avec un visage de poupée) jouant pour de rares passants, dans la nuit, devant l'immense place vide sous l'averse, paraissaient en proie, raides comme des triques, à une exultation de cataclysme: devant eux, leur chef, un gosse d'une maigreur de dégénéré, avec le visage hargneux d'un poisson (de temps à autre, il se retournait pour aboyer des commandements, il râlait), marquait la mesure avec une longue canne de tambour-major. D'un geste obscène, il dressait cette canne, pommeau sur le bas-ventre (elle ressemblait alors à un pénis de singe démesuré, décoré de tresses de cordelettes de couleur); d'une saccade de sale petite brute, il élevait alors le pommeau à hauteur de la bouche. Du ventre à la bouche, de la bouche au ventre, chaque allée et venue, saccadée, hachée par une rafale de tambours. Ce spectacle était obscène. Il était terrifiant: si je n'avais disposé d'un rare sang-froid, comment serais-je resté debout regardant ces haineuses mécaniques, aussi calme que devant un mur de pierre. Chaque éclat de la musique, dans la nuit, était une incantation, qui appelait à la guerre et au meurtre. Les battements de tambour étaient portés au paroxysme, dans l'espoir de se résoudre finalement en sanglantes rafales d'artillerie: je regardais au loin... une armée d'enfants rangée en bataille. Ils étaient cependant immobiles, mais en transe. Je les voyais, non loin de moi, envoûtés par le désir d'aller à la mort. Hallucinés par des champs illimités où, un jour, ils s'avanceraient, riant au soleil: ils laisseraient derrière eux les agonisants et les morts.

A cette marée montante du meurtre, beaucoup plus acide que la vie (parce que la vie n'est pas aussi lumineuse de sang que la mort), il serait impossible d'opposer plus que des vétilles, les supplications comiques de vieilles dames. Toutes choses n'étaient-elles pas destinées à l'embrasement, flamme et tonnerre mêlés, aussi pâle que le soufre allumé, qui prend à la gorge. Une hilarité me tournait la tête: j'avais, à me découvrir en face de cette catastrophe une ironie noire, celle qui accompagne les spasmes dans les moments où personne ne peut se tenir de crier. La musique s'arrêta: la pluie avait cessé. Je rentrai lentement vers la gare: le train était formé. Je marchai quelque temps, le long du quai, avant d'entrer dans un compartiment; le train ne tarda pas à partir.

Mai 1935.

TABLE DES MATIÈRES

Avant-propos. 11
Introduction 17
Première partie 29

Deuxième partie

Le mauvais présage 35
Les pieds maternels 57
Histoire d'Antonio 107
Le bleu du ciel 119
Le jour des morts 163

IMPRIMÉ EN FRANCE PAR BRODARD ET TAUPIN
7, bd Romain-Rolland - Montrouge.
Usine de La Flèche, le 15-09-1976.
6846-5 - N° d'édition 349, 1ᵉʳ trimestre 1970.